U0140405

The Secret Life of Books

唯 有 书 籍

读书、藏书及与书有关的一切

[英] 汤姆·摩尔（Tom Mole）——著

李倩——译

上海文化出版社

"噢，时代啊！噢，读书人啊！"[1]

查尔斯·兰姆

献给芙蕾雅

目录

01

书 / 书

人之于书与书之于人

我念书的时候，有一位教授办公室里的书堆得连下脚的地方都快没了。他在英语系一楼有间大办公室，四壁都是书柜。经年累月，这些书柜逐渐摆满了书，还有些书架也见缝插针地挤占了办公室的每一处空当。书柜开始从墙壁蔓延到房间内部，衍生成书摊、书龛和书角。但是，这样仍不足以容纳他不断增加的藏书。很快，他开始把书摞在书柜顶上，并且两排两排地叠放在每层架子上，要拿后排的书，就得先把前排的书取下来才行。没过多久，书就已经"漫"到地板上，月复一月，越来越深入地侵占整个房间。

每次我去教授的办公室，要在可见面积日益缩小的地毯上找出一条进入房间的路，似乎都比前一次更难。想将这些书理出个头绪，差不多得是一份全职工作了。我敲响教授办公室的门，听到一声含糊的呼唤让我进去。我打开门，却不见教授的身影——里面全是书，但显然没有人。有那么一瞬间，我还以为教授可能被压在一大摞翻倒的精装书下面了。随后，教授从主题五花八门、摞成金字塔似的书堆后面探出头来。"我稍微整理一下。"他如是说，仿佛他真有望让这座规模不断增长的图书馆变得井然有序似的，这座图书馆就宛如宇宙，不断朝着各个可能的方向加速膨胀。

教授为他的书做了很多事。购买——决定买什么书，不买什么书。分类——把书上架，和其他书搁在一起。他可能会按某种标准对书进行分类，譬如按主题分（历史书放这个架子，传记放那个架子），按厚度（厚的放地板上，薄的放书架上），或是按他的阅读进度来分（没读过的放这边，正在读的放那边，已经读完但还未整理入柜的放在另一边）。他读书，从书中摘录笔记，参考借鉴这些书，写文章时从书中旁征博引，用这些书备课，把书借给学生，等等，他徜徉在无边的学海和无尽的欢乐中。

不过他的书也为他做了不少事。除了让他在办公室里无处下脚，它们还塑造了他的工作空间和工作方式。这些书形成了一个复杂的生态系统，他也置身其中。有时，它们协助他工作得更轻松、更出色。在这样一座庞大的私人图书馆中撰写学术文章，能够确保参考资料、其他学者的著作和他正着手写的文学作品都近在咫尺。即使结论有所不同，但所有的学术研究都或多或少有赖于他人的研究，而成千上万的藏书无疑能助他一臂之力。不过也有一些时候，它们一定给他添了不少麻烦——在庞杂卷帙中找到自己想要的书往往很难或根本无从找起。

最终，学院助理觉得这种情况必须就此打住，她请了一位建筑工程师来测试大楼能否承受住这么多书的重量。拿着工程师的报告，她成功劝说教授送掉了一些书（他也送了我一本），却难以说服他缩小他那座图书馆的规模。他的职业生涯，甚至他对自身的理解，都悉数陈列在书架上，任谁都有目共睹。丢掉一些书就像丢掉一部分自我。拥有如此多的藏书有利有弊。但无论怎样，这些书于他而言都不只是被动的工具，它们也在他的生活中发挥着自己的作用。

※

有时，我们认为书仅仅是阅读的工具，但书的意义不止于此。在本书中——就是你正在读的这一本——我真正感兴趣的并非书的阅读功能。相反，我想谈谈我们在其他方面是如何影响书的，以及书是如何影响我们的。书具有双重意义。除了是文字的载体，它们自身也充满意义。就像我的教授所理解的那样，书的价值远远超出它们所包含的文字或图像。

书构成了我们对自己的理解。早在我们还读不懂书的时候,书就已经影响着我们的身份认同了。它们陪伴我们的一生——在家、在中小学、在大学、在工作中(起码就我们中的部分人而言)。书还构建了我们与他人的联系,从身边亲近的人到关系疏远的人。它们缠绕在我们与父母、兄弟姐妹、同学、老师、朋友、爱人和子女的关系中。书构成了一个群体乃至整个国家的人对自身的想象以及由此展现出来的样貌。它们被赋予了种种意义,成为人的珍爱之物、护身符、纪念品。这些才是本书要剖析的内容。

对读书人来说,书是熟悉的东西,或许是因为太熟悉了,所以反而不怎么关注它们。我们伴书入眠;我们出门度假时把书装进行李箱;我们将书陈列在书架上或储存在阁楼里;我们把书当作礼物送人;我们在书上写下自己的名字;我们囤积书,也丢弃书。我们对书熟视无睹。近五百年来,书随处可见——以致我们几乎对书视而不见。我们需要努力转换视角,才能对它们引起重视。

如今,正需要做出这样的努力,因为我们所熟知的书的终结已经可以想见。我们认为物品都可能有消亡之危，所以不妨将书也视作物品。21世纪初期在今后的历史学家看来，会是一个媒介变革的时期，其重要性不亚于15世纪下半叶铅活字印刷术在西方的传播。但书并不会简单地随着印刷时代的落幕而消失，相反，它的意义正在发生转变。从历史角度看，我们正处于理解这种转变的绝佳时期。

然而，我们往往不能理解这一点。如果我们认为书只是一种传达文字和图像的媒介，那么自然会期望它让位于更快捷、更便宜、更高效、更有利可图的新媒介。实际上，纸质书的奇异韧性似乎至今都令人费解。不过，一旦我们理解了书作为物品的存在，理解了书在我们生活中发挥的诸般作用，就能更好地理解书的现状。

※

想想你最喜欢的一本书。你的脑海里浮现了什么？你可能想起了书中的一些精髓：故事情节、喜欢的人物、妙语佳句；你可能回想起了你在何时何地读过那本书——在愉快的假期里、在长时间的飞行中、在通勤的列车上、在慵懒的星期日；你也可能将那本书与你生活的某个阶段联系了起来，想起了它曾带给你的感受、带给你的思考；你还可能想起你是在哪里买的那本书，是谁推荐给你的，或者是谁送给你的。

你或许也回想起了那本书作为实物的一面。你可能还记得一点封面上的图案，一些对见过的字体的模糊印象，或者还留有捧着那本书时的肌肉记忆。这些物理特征看似无足轻重，因为我们早已学会将它们视作书籍和阅读的附属。我们认为重要的是书的内容，不是书的外观、气味和拿在手里的质感。

我们从小就被灌输了这种思考方式。学习阅读就是要学着别再打量眼前的书，而是要开始浏览书的内容。当我们开始觉得书无非是一串串有待破译的字符，只为让我们理解它要传达的故事、思想和信息时，我们就学会了忽略书的物理特征。我们被教导不要用封面评判一本书的好坏。我们认为只有儿童读物才有配图（近年来情况才有所不同），一味热衷于阅读全是文字的成人读物。因此，我们开始把书简单地视作信息的载体、传播叙事的工具。书本身的属性开始消失，似乎它根本不是一件物品。当我们获得了在书中忘我的能力时，书这一物品也开始被人遗忘。

※

书备受忽略的物质形态与其备受珍视的内容之间的这种关系，可能让我们联想起另一种相似的关系：肉体与灵魂的关系。书中文字之于其物质形态，正如不朽的灵魂之于终有一死的肉体。文字可以脱离它们在书中的物质形态，转换成新的形式，恰似灵魂可以脱离世俗肉身，寄寓于新的天赐之躯。虽然书（一如身体）有着诸多缺陷和瑕疵——印刷错误、书脊开裂、书页残损、折角，但作品（一如灵魂）可以超越这些。美国开国元勋本杰明·富兰克林在写自己那诙谐的墓志铭时就运用了这个想法。费城的印刷工富兰克林，将自己的遗体比作"一本旧书的封面，／上面的内容损毁殆尽，／字迹斑驳，烫金剥落"；而他将自己的灵魂比作书的内容。"但这部作品不会完全消失，"他如是写道，"因为它会像他所相信的那样，／经作者更正和修订，／以新的、更完美的版本／重现于世。"

为了抵御这种轻视书的实体而仅看重其内容的倾向，我们需要有意识地努力关注书的"物性"。你现在就可以这本书为起点，开始努力了。翻过这一页时，感受一下指间的纸张，注意一下字体的形态、书页散发出的气味以及你手中的书的重量。如果你是用电子设备阅读的话，不妨注意一下这种体验与阅读纸质书有何不同。查看一下改变字体或调整页面大小的选项，感受一下电子设备的尺寸和形状。现在就花点时间试试。

※

　　借由这份努力，我们得以看清书是如何塑造我们的阅读方式的。作为物品，书一直在向我们传递信息，告诉我们该怎样对待书中的文本。厚重的精装书纸张厚实而封面朴素，是在告诉我们这些书需要郑重相待。它们的设计经久耐用，可以反复阅读。印在廉价纸张上的侦探小说，装帧劣质且封面花哨，是在吆喝着招揽我们去购买，继而快速阅读、随手丢弃。如果你要反复读两三次，这些书无疑会四分五裂。诗集中那些措辞优美的十四行诗周围留有大片空白，犹如在一张宽敞的白色衬垫上展示一块抛了光的黑玉。这样的页面布局是在请求我们读诗时要心无杂念，就像这些页面本身一样，仔细专注于这片白色海洋中的文字孤岛。阅读一本书，不仅是在阅读一连串的文本，也是在阅读一件实物。所谓读物，总是要以物的形态出现。

关注书作为物的一面，也揭示出了书在社会中所起的作用。除了阅读，书对我们来说还有很多用途。书可以是象征忠诚的徽章，表明持有者是某一特定类型书籍的忠实读者。书可以是阶级的标志，用复杂的方式表明书主的社会地位。书还可以是仪式和庆祝活动的焦点。世界各地都有文学节，作者、读者和书商齐聚一堂，环绕在书这一物品周围。有些书甚至还有专门的庆祝活动，比如《哈利·波特》系列丛书的午夜首发活动就吸引了大批身穿巫师长袍的读者排队等候新书的发售。书可以化身为塑造人际关系的信物，例如成为赠送的礼物或奖品。书可以充当父母与孩子之间的纽带，例如睡前读物。书还可以让人们相聚在读书俱乐部和读书会。从这个角度来看，书似乎成了一件有生命的物品，有了自己生机盎然的社会生活。

书是一个能够说明各种各样的物品如何产生意义的极佳例子。[1]外套、汽车、汉堡、鞋子——所有这些东西所承载的意义都远超出它们作为服装、交通工具、食物或鞋类的功用。安全可靠的沃尔沃、光鲜亮丽的奔驰和二手的丰田，无不在向我们透露车主的信息，而这些信息与车主想去哪里毫无关系。事物的意义因时因地而异。在一个社会中，二手的丰田车可能相当寒酸；在另一个不那么富裕的社会中，二手的丰田车可能已奢侈至极。事物的意义是相较于其他事物的意义而形成的。如果奔驰是你唯一买得到的车，那它就不是身份的象征。[2]书也不例外——事实上，书是展现事物如何变得有意义的绝好的例子。想象一下，有三本《简·爱》。第一本是便宜的平装书，购自一家二手书店放在店门口人行道上的纸箱（这就好比锈迹斑斑的丰田）。第二本是崭新而厚重的精装书，购自一家宽敞明亮的大型书店（这就好比坚固可靠的沃尔沃）。第三本是用皮革装订、由作者亲笔签名的首版书，购自一家大型拍卖行（这就好比极其高档的奔驰或法拉利）。三本书都是夏洛蒂·勃朗特的小说，却提供了截然不同的阅读体验（如果真的拿来阅读的话）。它们表明书主为此投入了不同程度的金钱、时间和情感能量，因此这三本书会被区别对待，享有不同的意义。

※

书架上摆放的皮革古董书是一回事，床头柜上堆着的二手平装书是另一回事。而同一本书以不同的方式出现在不同的场合和不同的时期，也会有不同的内涵。一本18世纪的教材以前被学生带着去上课，课上无聊了，就信笔在书页空白处给同学写悄悄话，或在环衬页上试一试笔，看看笔尖是否顺滑。到了21世纪，这本教材却可能变成一位藏书家的珍稀藏品。一本商务人士长途飞行后扔掉的平装小说，可能进入慈善商店，成为一个渴望阅读却没钱买书的孩子的珍爱之物。

如果我们只把书看作阅读的工具，那么就无法领会它的意义。牛津大学的哲学家吉尔伯特·赖尔（Gilbert Ryle）创造了"深描"一词。[3]想想看我们会如何描述一件外套。这件外套穿着很保暖。这个描述虽然准确，但很"浅"。要进行"深"描，需要留意事物更广泛的意义。外套可能表明了穿着者的职业（医生的白大褂）、穿着者的财富和社会地位（羊绒大衣）、穿着者隶属的群体（摩托车手的皮夹克）等。故而，说书是文字的载体或阅读的工具虽然准确，但用赖尔的标准来看，这样的描述很"浅"。深描要包含书所具有的更广泛的意义。

不过，书于我们而言不仅是有意义的。书也在影响我们。医生的培训经历和专业知识赋予了其穿白大褂的权利，但白大褂并非只是体现了这种权利，它也授予了权利。没穿白大褂的医生看起来和普通人没什么两样；而穿上白大褂的医生，就获得了一定的尊重，人们会对其另眼相看。穿着白大褂时，医生的举止可能有所不同，或者说话也更为自信。所以，白大褂对医生及其周边的人都产生了影响。与白大褂相似，书，同样会影响与之相遇的人。

※

书历史悠久，形态万千且材质多样。古苏美尔时期的楔形文字书是用芦苇笔在泥板上刻写而成的。还有一些书，或写在由古埃及尼罗河沿岸的莎草属植物制成的莎草纸上，或写在中国的竹简上。早在8世纪（甚至可能更早），中国就已经出现了用木质雕版印刷的书，雕版印刷的技术后来传到了韩国和日本。在中世纪的欧洲，人们用兽皮制成的羊皮纸写书，并饰以彩墨和金箔。亚洲和欧洲的金属活字印刷术都是各自独立发展起来的。早在中国北宋时期就出现了用于印刷纸币的活字印刷。及至15世纪末，欧洲人开始使用铅活字将油墨转印到由亚麻布制成的纸上，以此来印刷书籍。

印刷术从德国传到了意大利、法国、西班牙、波兰、英国、比利时、瑞典和土耳其（均在16世纪以前），遍及欧洲。16世纪早期，印刷术传到了南美，并在17世纪初传入北美。中东的印刷术可以追溯到17世纪早期的黎巴嫩。18世纪，殖民者和传教士将印刷机和活字带到了印度、非洲、澳大利亚和新西兰。印刷术在东亚的发展轨迹略有不同。因为那里的印刷商面对的书面语言包含成千上万个字，而非数量有限的西方字母，因此他们倾向于使用成本更低廉也更容易修改的木质字模（木版印刷术）。利用这种方法，中国、日本和韩国的印刷商促使当地出版业维持着强劲的扩张之势，而欧洲还要在很久以后才会出现类似的景象。

随着时间的推移，印刷慢慢走向工业化，19世纪的欧洲，蒸汽印刷机每小时能印超过一千张纸，那些纸张也是由机器用针茅草和木浆制作而成的。这些科技的发展让书变得更便宜、更普及，随着识字率的提高，书得以覆盖社会各个阶层。20世纪平装书的发明令书变得更实惠、更便携，往往也更容易被丢弃。书开始有了多种形状和尺寸，用途不一且材料多样。[4]

※

在接下来的内容中，我将回顾这段历史，看看书作为物品有哪些作用。不过，由于本书的着眼点在当下，所以主要讲的是我们今天最熟悉的一类书：印刷翻页书[①]。翻页书出现于公历纪元的头几个世纪，比印刷书出现的时间早得多。它由一张张书页摞在一起，然后沿一边装订而成，换言之，就是我们现在熟

---

① 原文 Codex 在该语境下译为翻页书，是相对卷轴而出现的一种新的书的形态，与后文中工业大批量生产的印刷书略有区别。——编者注

知的书。你手中的这本书——如果你读的不是电子书而是纸质书的话——就是一本翻页书，和你遇到的其他纸质书没什么两样（对此我相当确信）。

早期的读者盛赞翻页书比卷轴更便携、更易翻看。翻页书可以让读者快速浏览、随意翻阅，而这对必须不断展开和卷起的卷轴来说没那么容易实现。不过，尽管有这些优点，翻页书仍花了很长时间才流行起来。现存的书籍史据表明，翻页书大约在公元100年至500年逐渐取代了卷轴的地位。同一时期，基督教的信徒也在不断增多，这并非巧合。相较卷轴，他们更愿意接受翻页书。他们不仅协助完善了翻页书的制作工艺，而且尤其喜欢将他们的经文制成翻页书。随着基督教的普及，基督徒喜爱的这种书籍形式也流传开来。

正如我们所知，印刷是书的另一个关键因素。印刷术在欧洲的故事缘起于一个名叫约翰内斯·古登堡（Johannes Gutenberg）的留着大胡子的金匠兼生意人，他于1439年左右发明了铅活字和印刷机。（在此之前，中国早已独立发明了活字印刷，但古登堡对此肯定一无所知。）古登堡以生产橄榄油或葡萄酒的压榨机为雏形，发明了印刷机。他运用当金匠时掌握的技艺，制作了一个个小铅块，铅块的顶部有单独的字母浮雕。这些字母都是反向刻的，这样印出来才是正字。古登堡用字模进行排版，拼成单词，然后将油墨涂于字母凸起的部分（这个过程要用到上墨皮垫，熟练的印刷工能将油墨涂得很均匀，人称"上墨好手"）。在涂了墨的字模上放上一张纸，由印刷机将纸往下压，使油墨转印到纸上。活字与印刷机的结合是一大突破，能以比手工誊写快得多的方式大量复制文本。印刷术不仅用于印书，从一开始就印刷了许多其他东西，包括表单、收据、大幅传单和海报等。

我们今天熟知的书，结合了翻页书的形式与印刷书的技术。时至今日，虽然人们仍在"制作"手抄本（如日记、笔记本或手写的食谱集），也仍有一些书不是翻页书（如给儿童看的风琴折页书或犹太教堂使用的《摩西五经》经卷），但数百年来，印刷翻页书始终是流通和保存文本的惯用形式。

※

长久以来，书及其使用者——无论是读者还是作者、买家还是卖家、借阅方还是出借方——共享着一个图书生态系统。事实证明，这个生态系统异常顽强，它熬过了战争、饥荒和瘟疫等动荡时期。事实上，有时候书反而会在这样的环境下兴盛起来——英国内战期间，英文印刷书和宣传册的年产量实际上呈上升之势。具有争议性的时事宣传册源源不断地从印刷机上流出，不仅在战场上，也在出版界掀起了战争。正如我稍后会讲到的那样，这个生态系统很容易接纳新媒介（如摄影），并学着与广播、电影、电视等其他媒介合作。

在过去的五百年里，书一直贵为西方的文化核心，但现在，其所占据的地位正逐渐被取代。数字技术正在挑战纸质书作为人们惯用文本媒介的身份。与此同时，新媒介也在改变纸质书培养起来的注意力习惯。如今，比起纸质阅读，我们中的许多人更经常在屏幕上阅读，使用的设备多种多样：其中有些是专为阅读设计的（如电子阅读器），还有一些则主要用于其他目的（如手机、平板电脑和笔记本电脑）。能有这样的阅读体验，堪称美丽新世界。就此宣告纸质书的死亡可能不仅为时过早，而且过于简化和夸张了，不过这并不意味着我们应当轻视数字技术带来的挑战。如果数字技术会让书变得面目全非，那么现在是时候来思考一下，我们在享受这些技术的同时可能会失去什么了。

也许将纸质书一概而论，让所有纸质书和所有电子书形成对垒之势是错误的想法。书的种类太杂，彼此之间差异太大，具有太多不同的用途，不能以这种方式将它们笼统地归为对立关系。扫视一下我自己的书架，可以看到查阅资料的参考书、聊以消遣的侦探小说、我做研究时用到的学术专著、我当老师（或做学生）时所用的教材和选集、主要用于观赏而非阅读的艺术书、我读给女儿听的童书、薄薄的诗集、装在书套里的《圣经》，不胜枚举。印刷翻页书之所以如此成功，部分原因正在于它非常灵活，适用于各式各样不同的类型。

※

有些环境会让人习得一身"书卷气"。我小时候家里没有多少书。我们有一本《圣经》和一套《莎士比亚全集》，这些书在英国家庭中就像茶壶和茶漏一样常见（却不常用）。我爸有本名叫《高级空调与制冷》的教材，他把它放在橱柜里，因为这似乎不是那种让人想摆在架子上展示的书。还有一两本烹饪书，一本煽情的诗集，名为《爱与思之诗》，家里似乎没人清楚这本书是打哪儿来的。我家的书就是上面提到的这些了。我父母几乎没有什么书，但他们认为书关系到教育，而教育又关系到全方位的提升——社会地位、职业与收入水平。显然，这些都是我们梦寐以求的。我也有幸生活在一个设有公立图书馆的地区，并进入一所拥有一座像模像样的图书馆的公立学校就读。我对书的兴趣起码有一部分来源于这样的环境，还有在这种环境中培养起来的志向。

当我还是个正在学习英文拼写的小学生时，我从未想过要拥有我在课堂上读的那些书。有时我们不得不买书，但大多数时候都是老师在每学期开学时发书，到了学期末又把书收回去。而学校买了这么多一模一样的书，似乎也不是什么值得大惊小怪的事。若预算充足或课程有变，有时我们能拿到新书，但一般情况下，那些书上都留有之前的学生学习课文的痕迹——或是没学进去的痕迹，他们上课无聊了就在空白处涂鸦。我们仔细而缓慢地研读这些书，时至今日我仍记得书中的许多细节。比起莎士比亚的其他戏剧，我十六岁时学过的《麦克白》可能依旧是我最熟悉的。我还记得我们用的那一版《麦克白》，封面上印有当时最新的演出剧照。但学期结束时，我毫不犹豫地把书还了回去。

直到成了研究生，我才需要添置多个小书柜来放我的书。那时，我的时间和金钱主要花在了书上面。慢慢地，我有了清晰的志向——我希望获得博士学位，成为一名学者。有朝一日，也希望出版自己的书。书自此成了我的事业所在。工作日我总泡在书籍环绕的图书馆里，但我也往家里买书。那时人们才刚开始在网络上买卖二手书，我可以低价买到一些读博所需的学术专著。即便我想成为一名学者的梦想化为泡影，我想我起码还有一架子书来纪念自己潜心撰写论文的那段时光。一天下午，我路过一栋正在翻新的办公楼，发现了两个廉价的、看起来要被扔掉的白色书柜。书柜受了些磕碰，有点立不稳。装修办公室的工人说我可以免费拿走书柜，一个有货车的朋友帮我把书柜送回了我的公寓。书柜日益装满之际，我的博士论文也成型了。最终，我那装订成册的论文和我后来据此出版的一本书也在书柜上占据了一席之地。

从那以后，我继续买书、读书，也继续写书。出于工作需要，我经常去图书馆，因此有幸接触到了一些真正的瑰宝。买书、读书、整理书、查阅书——所有这些事在我看来都有截然不同的乐趣。与其说我是个藏书家，不如说我是个囤书家。我手里勉强算是有几本古籍，我的大多数书是我新买的平装书，之后就一直留着。如果这背后没有一些连我自己都不甚明了的用意，我很怀疑我还会不会保存这么多书。我是我的直系家庭中第一个上大学的，我猜我书架上的书是为了让我自己确信，这一路走来真的学有所成。就像挂在医生诊疗室或律师办公室里的资格证书，这些书也提供了一种证明，证明我多少具备资格去教授和撰写文学与图书史。也许我之所以撰写这本论书之书，就是希望能彻底地说服自己。

02

书 / 物

书作为物品如何与其他事物互相影响

有时，恰恰是在书停止发挥应有作用的那一刻，你才最能看清书原本是一件物品。我念本科时，有一次要在第二天上课前读完乔治·艾略特的小说《米德尔马契》（*Middlemarch*）。我在阅读的过程中翻了一页，却发现内容又绕了回去——我再次读到了上午早些时候读过的句子，那些句子我还记得一清二楚。我不再沉浸于故事之中，而是仔细地查看起这本书的另一个部分——页码，我发现第140页后面跟着的不是第141页，而是第109页的复制版（我还没读多少页）。我又往后翻了几页，显然有一大段文本全都重复了，而原本的段落则缺失了。故事的时间线乱了套，人物陷入了困境，被迫重复他们在30页前的行为。除非再找一本来，否则我不可能赶在上课前读完那本小说。要是放在今天，我大可上网查找，但当时我只能去图书馆或书店寻找替代本。

作为传播《米德尔马契》这一文本的载体，我的书出了问题。但就在那一刻，我有了新的体悟。我无法再忽视书的物质形态，仅仅把书视作阅读文本的一个窗口。相反，这本书重新以"物"的形式呈现在我眼前。我生平头一次想到它是如何由工厂里的机器制作而成的。我察觉到我对它的生产工艺和生产流程知之甚少。我意识到它是由容易犯错的人制造出来的。我发现书是由好几个不同的部分组合而成的，而我的这本就是其中的一些部分被弄混了。突然间，我以一种前所未有的方式，把手头这本书看成了一件物品。

显而易见，在那一刻，我的这本《米德尔马契》不同于其他那些理应一模一样的《米德尔马契》。同一本小说的不同版本，乃至同一个版本的其他印本，都没有与我这一本相同的问题。尽管这些书似乎都能提供相同的体验，也就是阅读艾略特小说的体验，但这种体验会因读者读到的具体印本而有所不同。作为一种通信技术，我的书已然崩溃。不过有些书中的小错误、小瑕疵，我们可以欣然接受，比如印刷错误或页码错误，以及随着书籍寿命的流逝，书页被弄脏、折角、撕裂或彻底撕毁。虽然我读过很多书，但这些事情我以前几乎想都没想过。唯有等到我的书出了问题，我才无法等闲视之。

之后过了很长一段时间我才发现，当一件物品不再发挥原本的作用时，它才会变得"可见"，这显然是我与哲学家马丁·海德格尔[1]共有的体验。他以锤子为例。当你用锤子用得很顺手时，你不会去想锤子本身，只会想着它所起到的敲打作用。如果分心去思考锤子本身，你很可能砸到自己的拇指。海德格尔认为，唯有当锤子坏掉了，木匠与锤子之间的关系才会发生改变。在那一刻，锤子失去了它的"器具性"（这个拗口的术语译自海德格尔所说的Zeugsein），木匠才能看清它是一件物品。

书也是如此。书往往会在使用时"隐身"。当我们全心全意沉浸在书中时，仿佛直接进入了作者的文字，进入了作者想象的世界乃至作者的思想，这种体验近乎玄妙。媒介自身变得最为透明的时候，就是它最能有效地发挥作用的时候。我们不再关注书，开始沉醉在书所包含的作品里。这是一种忘我的状态，在与以往不同的意义上超脱于自我，进入一种陶醉、痴迷或更高层次的意识中。当我们走进作者的世界时，就会忽略作为物品的书。

※

马塞尔·普鲁斯特在他的文章《论阅读》（*On Reading*）中绝妙地描述了这种沉浸于书中的感受。普鲁斯特回忆说，他小时候会在早上躲进餐厅，在炉火旁的椅子上看书看到午饭时间。但厨娘进来为午餐摆桌时打断了他：

> 她觉得她有必要说一句："你那样不舒服，不如我给你搬张桌子来？"只为回答一句"不用，谢谢"，我不得不戛然而止，从远处召回我唇齿间的声音，它正无声而流利地复述着我的眼睛看到的每一个字。我得停下，发出声，为得体地说一句"不用，谢谢"，把那一度丧失了的日常模样和回应语调赋予我的声音。[2]

普鲁斯特赞美书能将读者带往别处，读者的身体为作者所占据，读者的声音也不再属于他自己。这个段落备受一些读者的青睐，他们喜欢沉浸在故事里，体会那种有些不可思议的乐趣。这类体验对孩子来说也许尤为强烈，我有时要喊好几遍我女儿的名字才能将她从童话乐园唤回现实世界。但普鲁斯特几乎没有提到他当时读的那本书——它是大是小、是重是轻、是新是旧、是厚是薄、是鲜艳还是朴素、是残破还是洁净？他散文里的细节描写通常极尽铺张，但对这些问题却只字未提。

　　而那位早上忙得团团转没有时间阅读的厨娘，却有不同的视角。年幼的普鲁斯特痴迷于书的内容，而厨娘把书当成了一件物品。它一定很沉，可能大得无法让一个小男孩舒适地捧在手中。有张桌子不是更方便吗？厨娘的关心绝对切合实际。正是因为她的阶层、性别和工作令她无法阅读这本书，她才把它视作一件物品。在这个意义上，她比年幼的普鲁斯特更契合我所谈论的话题，对普鲁斯特来说，那本书已经完全消失在了它所提供的阅读体验之中。我和诸位读者一样享受那种沉浸式的体验。但我同样认为我们可以试着后退一步，用不同的方式关注一下书这一物品，就像普鲁斯特家的厨娘一样，就像我那天读《米德尔马契》一样。当书不再是为我们服务的工具或介质时，它们便开始呈现出"物"的姿态。

※

　　那天阅读《米德尔马契》的经历令我久久难忘，它永远地改变了我看待书的方式。一旦我开始真正关注书，而不仅仅是书中所包含的文字，我便意识到我的使用方式如何在我的书上留下了印记。我的《米德尔马契》书脊上的褶皱表明了我在这本书出问题之前已经读了多少。一本诗集随手一翻就能翻到的那一页通常是读者最喜欢的那首诗，烹饪书里最受欢迎的食谱上留有好多指纹，蛋糕的食谱上沾染了可可色的污渍，咖喱的食谱则散发着香料的味道。就像衣服和鞋子，起初都是一模一样的板型，久而久之便随了穿着者的身形，书也会变得随了主人。注意到书是一件物品后，我开始看到这种物品上的使用痕迹，或没有使用过的痕迹——书架上有些我分明应该已经读过的书，看起来却依然出奇地新。

书不仅会透露现在的书主是如何使用它们的，有时还携带着过去的伤痕。在《远离尘嚣》（*Far from the Madding Crowd*）中，托马斯·哈代描写了一本"家族《圣经》"，有些书页上的热门段落已经被"以前那些生疏的读者"用手指逐字逐句地指着读给磨得差不多了。[3] 翻开这本书，就能看到它早期的读者识字不多，还有他们最感兴趣的段落是哪些。细心的观察者可以像考古发掘那样挖掘这本书，从以前使用者留下的物理痕迹中一层层地揭开有关他们的信息。

※

不同的人对待书的方式各有不同，故而会留下不同的痕迹。我看过的书越多，就越能辨别这些痕迹。编辑兼散文家安妮·法迪曼（Anne Fadiman）将爱书之人分为两种："高雅的"与"世俗的"。[4]读到她的描述时，我想起了两个大学朋友，他们是这两种类型的典型。就连她们的外貌也截然相反：高雅的爱书人个子高挑、身材苗条、发色金黄；世俗的爱书人个头矮小、体态丰满、发色黝黑。

那位高雅的爱书人购买的书装帧精美，并尽力将它们保存得完好如新。她还有一个小小的仪式，我从未见别人这么做过。每当拿到一本崭新的平装书，她都会把书脊朝下，将书立在她跟前的桌子上，然后用两手的拇指和食指分别捏住最前面和最后面的几页，轻轻地拉向桌面。接着她又捏住更靠近中央的几页如法炮制，以此类推，她轻柔地把书页朝两侧翻开，逐渐翻到整本书的中心。她通过这种方式，在阅读之前先把书脊软化，使其活络。这样一来，书脊就能保持柔韧，不会因读到精彩之处，激动之下猛地将书向后翻折而导致书脊开裂或褶皱。她书架上的书都熠熠生辉，看起来几乎和书店里的一样洁净亮丽。毋庸赘言，她从不会在书上写字。

相反，那位世俗的爱书人则永远不可能进行这种软化书脊的仪式。这意味着要延迟享受阅读的乐趣。她抓起一本新书，立马就如饥似渴地读起来。她毫不担心书页留有折角。开裂的书脊、空白处和环衬页上的圆珠笔笔迹、封面上的咖啡渍——所有这些都只是爱的标志，代表着她对这本书有多热爱。就算她将书倒扣在床头柜上，也无非是为了方便拿起来，接着从上次中断的地方往下读。她最喜欢的书就是最破烂的那些，因为她把它们读得都要散架了。她没有兴趣将书保存得亮丽如新，她希望它们看起来就像是被阅读过的样子。

当这两位爱书人看到对方的书架时，都吓得往后一退。"你怎么能这样对待你的书？"高雅爱书人一边打量着世俗爱书人的那些书脊褶皱开裂的书，一边问，"你都不尊重你的书吗？"世俗爱书人看着与之相对的高雅爱书人的书柜说："你真的读过这些书吗？看起来完全不像。"她们就此分道扬镳，对方错误的待书之道无不让她们连连摇头。

※

我越是注意查看书上留下的阅读痕迹，就越能发现这些书与以前的书主和读者之间的奇遇。像热爱新书那充满新鲜感的无限可能一样，我开始爱上旧书上积存的痕迹。我还认识到阅读不是我们对待书的唯一方式，也不是唯一能在书上留下痕迹的方式。[5]例如，既是旅行作家也是"二战"英雄的帕特里克·莱斯·弗莫尔（Patrick Leigh Fermor），就喜欢在书的封底内侧粘一个信封，里面装着朋友的来信、笔记、剪报和其他相关的纸片。他在1982年的一封信中，讲述了自己的这个习惯：

> 我的做法是将信封的封口裁掉，然后用UHU（胶水）把它粘在书的封底纸板内侧，让没了封口的信封开口朝上，靠近订口，这样里面的东西就不会掉出来。如此一来，这本书日后会变得愈加有意思。这么做很有趣，令人充满

成就感。很难想象还有比这更狡猾、更浪费时间的借口来推迟真正应该做的事了。就从今天开始做吧。[6]

莱斯·弗莫尔用这种方式为他的书增添了趣味和价值。多年来，他反复翻开那些同样的书，往信封里塞进更多纸片，他与他的书建立起了长久的关系，让这些书变成了一个日益膨胀的档案库，专门储存只字片纸。读书对他而言只是个开始。

他并非唯一把书变成一种归档系统或用作保险箱的人。《豹》(*The Leopard*) 的作者朱塞佩·托马西·迪·兰佩杜萨 (Giuseppe Tomasi di Lampedusa) 是西西里的贵族作家，他在一封写给养子的信中点明了这部小说中的人物在现实生活里的原型。那是1957年的春天，小说尚未发表，他正要前往罗马治疗肺部肿瘤（那个肿瘤在几周后就要了他的命）。兰佩杜萨的妻子和他养成了一样的习惯，会将重要文件夹进他们数量庞大的私人藏书中妥善保存。她把他的这封信夹进了一本《库克船长航行日记》(*The Voyages of Captain Cook*) 中，然后忘了个一干二净。四十七年来，这封信一直安然无恙地夹在书里，直到2000年才重见天日。[7]

这两个例子表明，即便是狂热的读者，在阅读之外也会将书另作他用。还有些时候，阅读可能反倒无关紧要。有些书的价值可能在于它的稀有性、精美的装帧、高超的制作工艺或前主人的身份，书中文本则几乎无足轻重。有些人根本没有读过他们赠予、展示、检查或欣赏的书。我遇到过一位富有的纽约人，她收藏的书都带有书口彩绘——书页外缘上的一种装饰艺术，只有合上书才能完整呈现。她甚至都没打开过那些昂贵的书，更遑论阅读。她很乐意斥巨资购买她读不懂的外文书或是内容丝毫勾不起她兴趣的书。对她来说，书页上的文本可有可无，重要的是书这一物品。

※

我很快意识到，要想理解书之为物的秘密生活，除了关注人们在私人生活中对书的使用，还要关注书在公共场合展现出的样貌。书不仅为私人所有，还是许多社会仪式的焦点。宗教圣典就是一个最明显的例子。在公开的神佛崇拜中，人们对经文的崇拜常常外溢到承载经文的物品上。在犹太人的传统中，犹太教堂所使用的《摩西五经》应该是卷轴，而不是翻页书。对待卷轴要毕恭毕敬，并将其陈放在教堂的约柜①里。在许多基督教教堂中，将《圣经》带出或带进教堂均有仪轨可循，诵读《圣经》也要按仪式进行。信众对经文的尊敬并不仅仅局限于经文本身，更延伸到了书这一物品上，这些书也被赋予了一定的威望。

这种威望超越了敬拜场所，延伸到了其他场合。在许多国家，法庭均要求证人对着《圣经》或其他圣典宣誓。法庭赋予了书这一物品一种近乎魔法的力量，可以让人们说出真相：当律师提醒证人"有誓言在先"时，不仅仅是在警告证人如若撒谎可能犯下伪证罪，更是在调用某种形式的文字力量，借由一本书，让他老老实实地说出真相。请再次注意，这与他是否真的读过这本书毫无关系。每天都有只读过一点或根本没有读过《圣经》的人在法庭上以此起誓。

从某种意义上来说，即便只以庄严得体的言语起

---

① 全称为契约之柜，是古代以色列民族的圣物。——译者注

誓，可能也同样奏效，但法庭仍要搬出一本书来为这些言语加持。如果此时你翻开书读了起来，可能会惹得法官相当生气，因为他会觉得你没弄明白这其中的意义。虽然对着约翰·格里森姆（John Grisham）的最新惊悚小说宣誓必使庄重感大打折扣，但真正让誓言变得强大的不是书中文本，而是书这一物品所具有的文化力量。巴拉克·奥巴马在两次就职典礼上都选择对着亚伯拉罕·林肯用过的一本《圣经》宣誓就职。这本《圣经》的力量是双重的：书中文本的权威性因该书的来历而得以加持。美国众议院允许新当选的议员自行选择宣誓时所使用的书，不一定非得是宗教书，但必须得有一本——没有书就不能宣誓就职。书所蕴含的这种象征着誓言庄严肃穆的力量，比书本身的内容更重要。

※

在书页上签名是书的社交活动中的另一个重头戏。作者签书赠友的惯例由来已久。但在现代的签售会中，作者为排队的书迷签名却是一项新发明。现在的畅销书作者要么是在活动现场签售，要么就是提前签了数以千计的书——我听说伊恩·兰金（Ian Rankin）的最新小说签售了三万册。在我看来，签售会揭示了书的社交活动中一些有趣之处。

要弄清签售会的意义，不妨想想在画廊里观看一幅画和在图书馆里阅读一本小说有何不同。当你站在一幅画前时，你看到的就是艺术家实际创作出来的东西——在画室里放在他面前的就是这张画布，他切实地伸出画笔，画出了你在画廊里看到的一笔一画。在有些情况下，我们可能也乐于看到复制品，但不会认为复制品能替代原作。原作才是珍宝。在此借用美学家纳尔逊·古德曼（Nelson Goodman）的一个观点，他将绘画称为"亲笔"艺术，因为艺术作品与艺术家创作的实物全然一致。[8]

但写作艺术并非如此。你在图书馆阅读一本小说、一首诗或一部剧作时，你手里拿着的并非创作者真正触碰过的东西。画作由颜料和画布构成，而文学作品由文字构成，文字不像颜料那样是一种独立存在的物质。我们接触文学作品的唯一方式就是要透过纸和墨，但作品本身并非由纸、墨构成。当你想到一部小说时，你可以轻易地将实物（纸、墨）与文艺作品（文字、思想）区分开来。但你无法这样去分辨一幅画。写作有着与绘画不同的存在方式。古德曼将这种没有物质基础的艺术称为"代笔"艺术。

当我们在签售会上排队等候签名时，我认为我们——在潜意识层面上——已经或多或少领会了一些古德曼在这种划分中所阐释的书的本体论。作者的签名犹如一种保障，表明这本书是其本人的作品。我们并不是怀疑这些文字不是作者所写。但如果作者在扉页上签了名，这个签名就像画作上的署名一样，代表此人声明这件物品是他创作的。这就是为什么作者在签书时，往往会将他们名字的印刷体划掉。他们的这一举动，意在否定这本书是工业或商业的产物，重新将其归为自己的艺术创作产物。在我看来，签售会是一种将代笔艺术作品转换为亲笔艺术作品的仪式。这个过程使买书不再像是购买一件机械制造的产品，而更像是购买一件艺术品。

若书上不仅有作者的题词，还是特别写给你的，这种感受就更强烈了。书店通常会请作者多签几本，以便在作者前往下一站签售后拿出来卖。但这样的签名本似乎远没有让作者在书页上同时写下你们两人的名字那般令人心满意足。有一本专门签给你的书——哪怕你只在签售会上匆匆见了这个作者几分钟——能给人一种这本书不同于其他同名书的快慰。书也许是批量生产的商品，但上面的题词能让你觉得这一本是专属于你的。因此，你更有可能仔细阅读、悉心保存。书上的题词能让我们忽略掉除作者之外的许多其他也参与了书的生产、营销和贩售的人，以及除我们之外还有许多其他购买者和读者也会入手这本书的事实。在那一刻，这本书看起来似乎不像是一个产品，更像是一份礼物；不像是一种公共表达，更像是一条私人信息。签书，增加了书这一物品的价值。

※

当我开始把书作为私人物品和公共物品来关注后，我很快注意到我们在使用书的同时还使用了很多其他物品。书位于这些物品的中心，这些物品像围绕太阳运转的行星一样围着书打转。没过多久，我就列出了一份完整的清单，上面的东西多少都与书和阅读有关：书签、藏书票、书套、阅读眼镜、阅读灯、阅读椅，等等。这其中的很多东西是因为书才出现的：

它们被专门设计并制造，搭配着书一起使用。还有一些东西则是对日用品进行了改造或再利用，以服务读者。想想看有多少东西被拿来当过书签：明信片、名片、火车票、登机牌、外卖菜单。慈善商店的店员总能在捐赠的书里发现稀奇古怪的东西，从古董香烟卡到10英镑钞票，应有尽有。将书视作物品，打开了通往更为开阔的书的物质文化的大门。

每每拿起一本要读的书时，我通常还会拿起一些别的东西——书签、铅笔、记事本、一杯茶。我使用书的方式与使用其他物品的方式相辅相成。书和其他物品之间的这种联系由来已久。在很长一段时间里，翻页书会在制作过程中保留书页上缘和外缘（书志学家称之为天头和书口）的折叠线。现代书都会用机械切纸机将边缘切得光滑平整。在较早的年代，书籍装订商有可能会裁切边缘，但购买者要想阅读尚未装订的纸面简装本①，就得边读边用刀子把书页裁开。有些人可能一次只裁一折，读完了裁开的内容，再裁下

---

① 早期的书出版时多以简单、临时的方式装订，读者购买后如有需要可自行请装订商进行装订。纸面简装本指的是封面、封底仅使用软纸包夹的书。——译者注

一折。也有些人在开始阅读前可能就一次性裁开整本书。但大部分人是先裁几折，读完后再裁几折。因此，我们可以一目了然地看出读者是否读完了整本书。对这类读者而言，拿起一本书通常就要拿起一把刀。

大多数富裕的读者都有专门用于裁书的裁纸刀，可能也会用来开信。不过，有些时候，手边的任何刀具都可以代劳。19世纪的散文家托马斯·德·昆西（Thomas De Quincey）就讲述了威廉·华兹华斯在和他一起喝茶时，拿起一本埃德蒙·伯克（Edmund Burke）的书，发现书页未裁，便从茶几上抓起一把黄油刀，裁开了他朋友的书。虽然德·昆西表示他并不介意，但也提到那把刀"在每一页上都留下了它油腻的功勋"，"时至今日"依然清晰可见。[9]几年前，我买了一套本杰明·迪斯雷利[①]（Benjamin Disraeli）的小说，这套小说显然从未有人读过。尽管它们已经面世七十五年有余，书页却尚未裁开。我不得不自己用裁纸刀裁开。在这个过程中，我与书之间产生了一种物理联系，和我平素习惯的那种关系大不相同，想

[①]　迪斯雷利曾两度出任英国首相，同时也是一位才华横溢的小说家，代表作有《康宁斯比》《迪斯雷利三部曲》。——译者注

必更接近几个世纪以前读者的体验。然而，躺在床上看这套书时，我有个欠妥的习惯——熄灯后直接把刀留在了床单上。从此以后，迪斯雷利的小说便总是和不愉快的夜间惊喜形影相随。

※

那些卷入书的运行轨道上的物品，能够显示出人们是如何使用书，并让书成为他们生活的一部分的。过去，女性读者经常在阅读时穿插着做点针线活。这两种都是社会公认的可以在家坐着进行的活动，二者都需要充足的光线，所以经常会使用同一间房，乃至同一把椅子。女性一只手端着满是碎布、针和缝纫线的针线筐，另一只手往往还拿着一本书。有时，阅读和缝纫这两种活动也被"缝合"在了一起。在阅读经文的过程中，可能会发现一些能绣出图样的内容。而针线筐也可能为阅读提供一些工具。最近我在一栋苏格兰乡间别墅的藏书室里看到了一本18世纪的书：书页间夹着一枚别针，可能是临时用来当书签的，然后又给忘了。差不多可以肯定的是，那枚别针已经在那里夹了两个多世纪，已然生锈，在相邻的两页上留下了绿色的锈迹。那间藏书室里另一本书的扉页已有脱落之势，有人用别针把它别了回去，就像给裤子打补丁一样。

人们对书的使用并不只涉及修补，有时还包括把书拆散。尽管现代的图书管理员对这种做法嗤之以鼻，但16、17世纪的学者在阅读时通常都手拿剪子或刀子，把手抄本和印刷本上的资料纷纷裁成纸片或纸条，然后分门别类仔细归档。[10]形形色色的读者都用钢笔和墨水在书上写字，在现代的铅笔和圆珠笔发明之前，书写的过程要比现在复杂得多——你需要一瓶蘸羽毛笔的墨水，还需要一把"修整"笔尖的削笔刀。[11]有些读者甚至还在书的空白处画插画。[12]所有这些例子均表明，人们对书的使用往往并不像普鲁斯特所描写的那样，是读者与作者之间无形的神交。相反，它可能完全是物质的，涉及各式各样的工具和物品。

※

书也有自己的家具。18世纪的绅士在布置他们的藏书室时，不仅需要摆放书柜，还需要设计藏书室专用的椅子、桌子和梯子。读书台为人们在公共场合朗读书籍提供了方便，例如演讲厅、教堂或修道院（他们通常要在用餐时进行朗读），还有那些习惯诵经和居家做祷告的家庭也会用到读书台。读书台还能让人在阅读时腾出手来做其他事。譬如，借助读书台，你可以边看书边吃饭，或者边查阅食谱边照着做菜。诗人菲利普·拉金（Philip Larkin）六十多岁时在卧室里放了一个读书台，上面搁着一本《圣经》。据说他总是一边刮胡子一边读《圣经》，这听起来是个危险的习惯。不知道是不是这种阅读方式影响了他的结论，他说《圣经》是"一派胡言"。[13]

有些人需要更专业的阅读设备。书轮（book wheel）是早期的现代设备，使用者能将好几本书分别放在一个大转轮的托盘上。转轮转动起来时，托盘会保持直立，就像摩天轮上的座舱。这一设备能使文艺复兴时期的学者一本接一本地查阅书籍并进行比较。类似于在电脑桌面上切换窗口一样，旋转书轮的设计旨在让那些需要同时查阅多个文本的读者，以最省事的方式在文本之间进行切换。

以此类推，我们今天也有自己的读书工具。21

世纪的上班族在通勤的地铁上戴的降噪耳机与维多利亚时期放在客厅里的翼背椅异曲同工。二者都在一个与他人共享的环境中，创造了一个半阻隔的私密空间；都在个体与周围人之间设立了一道屏障。因此，二者均能用来协助阅读。就像维多利亚时期的人埋头读书，用家具隔绝社交一样，现代的通勤者也戴着耳机，眯着眼睛在手机上看小说，将一个不怎么适合阅读的环境营造得更利于阅读。塞在耳朵里的耳机能让人在熙来攘往、充满刺激的环境中腾出时间和空间来阅读。

※

我那本印错了的《米德尔马契》或许不能让我读完乔治·艾略特的小说，却能让我用一种全新的方式看待书籍。我开始清楚地认识到书是一件独立的物品——希望你现在也认清这一点了——而不仅仅是文字的载体。当我把书当作物品来看待时，我意识到要谈论书之为物，就不得不说到人们用书做的各种事。阅读当然是其中之一，人们的阅读在书上留下了独一无二的痕迹。但阅读只是人们用书所做的诸多事情之一，而且还未必是最主要的那一件。通常来说，阅读是私人的事，但书也有自己的公共生活，我们需要在更广阔的世界中理解书。人们在使用书时还会搭配其他物品，所以要理解书，就不能脱离书的物质文化。我以前一直被教导要忽略书本身、关注书中的文本，但当我不再浏览书，转而开始打量书时，书的秘密生活便浮出水面。

唯有书籍

幕间休息

卡拉瓦乔：《圣杰罗姆在写作》

(Michelangelo Merisi da Caravaggio *St Jerome Writing*, 1605)

卡拉瓦乔画过好几幅圣杰罗姆的画像，但在我看来，其中最有意思的当数1605年前后他在罗马画的那一幅。杰罗姆将《圣经》翻译成拉丁文，大约在卡拉瓦乔创作这幅画的五十年前，天主教会于特利腾大公会议上正式认可了他的译本。杰罗姆是艺术家创作的热门对象，画中的他通常都在书籍环绕的书房里埋头工作，头戴红衣主教的帽子，那头被他驯服的标志性的狮子则如同一条毛茸茸的狗，趴在杰罗姆身侧。事实上，杰罗姆从没做过红衣主教，这个头衔是他逝世几百年后才出现的。我也不认为他真的养了一头被驯服的狮子。不管怎样，在我们前面看到的那幅画中，卡拉瓦乔彻底省略了杰罗姆的帽子和狮子，只在他朴素而坚固的桌子上画了三本厚重的书，画面的其余部分则陷入一片幽深的阴影里，这是卡拉瓦乔画作的一大标志。

卡拉瓦乔笔下的杰罗姆展现出年迈衰颓之态。他的身体虚弱得几乎要从画作中消失了似的。他的下半身——关乎性与排泄——消失在不成形的红色布幔之下，那是红衣主教长袍唯一的遗迹。两道白色的颜料格外醒目——杰罗姆那光秃秃的脑袋反射出不可思议的光芒，还有他孱弱的手中抓着的羽毛悉数掉光的白色蘸墨笔。杰罗姆几乎只剩下了一颗思考的脑袋和一支书写的笔。而这幅画仿佛在说，就连这些也不会长久。画面右侧杰罗姆消瘦的脸庞和身上的布幔与画面左侧凌乱的白色桌布和桌上的头骨在构图上互相对称。它们预示着杰罗姆的结局。那充满智慧和灵感的脑袋，很快就会变成裹尸布里一颗无知无觉的头骨。

在这幅画中，肉体消亡了，但书留存了下来。杰罗姆的书远比他自身更结实、更持久。偌大的对开本厚达数百页，占据了整个构图的中心。虽然杰罗姆形容憔悴，但皮革装订的书却光亮而结实。这幅画不仅是对死亡的沉思，更是对书，尤其是对翻页书的赞颂。历史上的杰罗姆生活在公元347年至420年，并大概在公元382年到405年做着翻译的工作，他使用卷轴可能和使用翻页书一样频繁。因此，在卡拉瓦乔的画作中，那些重重地压在杰罗姆桌子上的书存在年代错误。卡拉瓦乔将书置于画作中央，提醒人们书能让我们的文字比我们自身更长久地存在于世。杰罗姆的书厚重扎实——你仿佛可以听到他将那些书放到桌上时发出的闷响，感受到他那瘦削的手臂在搬动这些书时所承受的压力。杰罗姆日渐趋近死亡，而书仍将留存于此。书的分量象征着书的重要性——这些书的分量体现了两重意义：一是形态厚重，二是内涵深刻。

尽管杰罗姆桌子上的书都非常厚实，但也不会永存。其中一本已经开始腐朽。画面左侧那本合上的书，封面的皮革已从书脊处剥落。合上的这本书可能象征着即将被杰罗姆的新译本所取代的有瑕疵的旧版《圣经》，破旧的封皮可能是过时的写照。不过，画中的三本书差异甚小。杰罗姆正在撰写的这本书，看着并不比其他两本更华丽、更结实。这幅画不仅以书的内核经久不衰反衬出肉体的脆弱易逝，还有意提醒人们即便是蒙受神启的经文，也要靠书这种容易磨损、容易腐朽的实物来流传。

和许多画家一样，卡拉瓦乔也经历过学画静物的磨炼。他的许多早期画作描绘的都是鲜花与水果的组合，包括描绘二者枯萎和腐烂的不同阶段。头骨——传统的死亡象征——也是一个标准的静物画参照物。这类所谓的虚空派绘画既表现了上帝造物之包罗万象，也表现了世间万物之稍纵即逝。一切事物都在走向自身的消亡。卡拉瓦乔将同样的情感运用到了他对一些人体的刻画中，仔细观察就能在这些人体上找到死亡的痕迹。杰罗姆的肉体显然是痛苦的血肉之躯。他看起来似乎命不久矣，他旁边的那颗头骨更增强了这种印象。但在这幅画里，卡拉瓦乔看待书的眼光也是如此透彻。一方面，杰罗姆的书结实、厚重、分量感十足。画作展现了一本即将改变世界的书的原始风貌，它将成为未来几个世纪基督教的重要经典。另一方面，卡拉瓦乔还是情不自禁地把这些书描绘成了和寻常的人、事、物一样的存在——它们也属于这世俗的世界，也要经受时间的摧残。

卡拉瓦乔在1605年至1606年画了这幅《圣杰罗姆在写作》，那正是他创作的巅峰时期。他是一位成功的艺术家，拥有阔绰的赞助人，包括有权有势的红衣主教希皮奥内·博尔盖塞（Scipione Borghese），这幅画（现藏于罗马的博尔盖塞美术馆）可能就是受其委托所创作的。但卡拉瓦乔放荡的生活很快就让他付出了代价。画完这幅画不久，他因一笔赌债与人发生争执，错手杀人，被迫逃离罗马。我们无从知晓他逃亡时是否携带着书籍，但他的行李里似乎不太可能放得下《圣杰罗姆在写作》中那样又大又重的对开本书籍。他的那些书完全有可能仍然存在于某座图书馆里，但更有可能——像大多数出版过的书一样——早已散佚在历史长河中，唯余卡拉瓦乔在画布上对它们的描摹。在画里，卡拉瓦乔似乎坚定地认为，无论这些书是圣训之舟、是神光之源、是救赎之钥，还是别的什么，它们都依旧是物。

03

书 / 自我

书如何塑造我们的身份，并向他人彰显这种身份只要看到书柜，我总是直奔而去。要是你邀请我去你家，我总会溜到书柜前，歪头审视里面的书。你可以从一个人书架上的书看出很多东西。上面是否有昂贵的精装书，或是皮革装订的古董书？是否有某些赫赫有名的作家的全套作品集？是否有外文书或古籍？是否有一排排最受古典文献学科的学生青睐的红绿两色的洛布古典丛书[①]？是否有颇受收藏家追捧的老企鹅图书？咖啡桌上是否堆满了看起来从未有人打开过的华美的大开本艺术书？是否有里面还夹着票据的海外旅行指南书？抑或书架上是一排排书脊褶皱、书角外翻的平装侦探小说？书架是从古董书商那儿买来的，还是从慈善商店买来的？这些书是真的有用还是仅作摆设？这个人是要把每本读过的书都保存起来的囤积狂，还是精挑细选只留佳作的极简主义者？也许最耐人寻味之处在于，书架上缺少什么？屋里其他地方是否还有别的书：在阁楼纸箱里发霉的自助书、堆在书房里的宗教宣传册、藏在卧室里

[①] 由哈佛大学出版的一套大型古典文献丛书，每本书皆采用古典原著语言与英文译文相对照的体例。希腊文作品为绿色封面，拉丁文作品为红色封面。——译者注

的色情书刊？还是所有书一概不为人所见——只是电子阅读器上的一张书目列表？

经过很长时间，书架才演变成今日的形式。[1]中世纪的读者或将他们的书放在储物箱里，或陈列在读书台上。书是昂贵的奢侈品，所以要么妥善地锁起来，要么招摇地摆出来。大批量的书一般都为诸如修道院等机构所有，而非私人收藏。那些书往往被平放在架子上。有些书的封面带有"凸饰"——一些小骨头或金属块，当书平放时，可以充当支脚，保护封面不受书架磨损，使书周围的空气保持流通。许多中世纪和早期现代书籍的书脊上并没有任何标记，书名或排架号写在与之相对的书口上。由此反映出了一个事实，书曾经是将书口向外摆放的。在一些图书馆里（例如赫里福德大教堂内那座保存完好的建于17世纪的图书馆），所有书均直立放置，书口朝外，并用锁链拴在架子上以防遗失。以前的书稀有而贵重，必须谨慎保管；而现代书架是书目丰富的产物。我们需要书架是因为现在的书唾手可得，价格也相对便宜。在这种情况下，个体——哪怕收入微薄且并不嗜书——也有条件拥有自己的书架。

你的书揭示出了你是谁。将它们陈列在别人看得到的地方，就是在展示你的部分自我。也许你为此精心策划，将"最好"的书放在最显眼的位置。你也可能把书胡乱堆一堆就算了——这种藏书方式好比不刮胡子且随意地穿着运动装出门。不管怎样，你的书一如你的打扮，也在传递着你自身的信息。事实上，书比我们的外貌更能反映出我们是谁，因为它们是我们内心世界的明显标志。浏览别人的书架是一种奇异的亲密体验。通过他们陈列在客厅里的书，你可以看到他们熟悉什么、喜欢什么。他们选择保留并摆出来的书可能是他们投入了感情的东西，是他们的珍爱之物，能唤起他们记忆中深有感触的阅读体验。

要是仔细观察，你可以看出这些书对书主来说有何意义。有些书只是被草草翻阅了一二，几乎没留下什么使用痕迹；有些书连翻都没被翻过；还有些平装书书脊上的褶皱透露出读书的人半途而废了（若是在更早的年代，就要看那些未裁开的书页）。我有时能遇到一本因长期被翻阅而"伤痕累累"的书。珀西·雪莱和塞缪尔·泰勒·柯勒律治（Samuel Taylor Coleridge）的传记作者理查德·霍姆斯（Richard

Holmes），就描述过他看到自己写的一本书被读得散了架时的激动之情："对传记作者而言，最感动的莫过于看到陌生人拿着自己的一本旧书。那本书在它的旅程中变得破旧不堪，沾满酒渍，空白处写着潦草的笔记，诗句下面画了线，夹在书中的地图和明信片把书页压得变了形，阳光和大海侵蚀了封面的颜色。"[2]这类书恰似一个人私人藏书室的心脏，当我找到它们时，我觉得自己仿佛非常接近对方的内心。这类书已经与书主自身的主体性最紧密地联系在了一起，它们那残破不堪的模样就是对这一事实的证明；而占据着书架上触手可及位置的书卷本身，则是那个珍视它们的隐秘自我和在它们帮助下建立起的内心世界外化了的明显标志。

※

当然，不是每个房子里都有书架。"书卷气"——这里指的是爱买书、读书、藏书、陈列书——不仅关乎性情，也关乎一个人的资产或阶层。事实上，书之所以能起到身份标识的作用，正是因为不是每个人都有同样的机会接触到这些书，或是对书有同样的兴趣。花时间看书、花钱买书是一种选择，能向他人表明你是哪一类人。我选择读书，你选择看电视，他选择玩游戏。

我们可以用书来界定我们是什么样的人——以及不是什么样的人。我买一本书或从图书馆借一本书，就是在委婉地表明我是会看这种书的人，或者我想成为会看这种书的人。这本书可能正好处于我的阅读舒适区内——譬如，是我熟悉的某个作家的新作或某部系列作品的下一部。在这种情况下，书强化了我们已经建立起来的身份。此外，书的选择还可能是一种冒险、一种情感或思想的延伸、一种吸引力——譬如，朋友觉得我可能会喜欢而推荐给我的一部作品，我读过的某本书中提到的另一部作品，或是备受媒体或网络好评的作品。在这种情况下，书则标志着我在努力扩展我的身份，成为我不是或暂时还不是的那种人。

自我是在不断发展的。如果说阅读在某种意义上是为了塑造我们今后的样子，那么总想读些新东西，也许便透露出我们对现在的自己有所不满。因为印刷书有众多一模一样的印本，它们所代表的个人喜好与这本书的其他读者的喜好是相通的。购买一本书就是加入了一个俱乐部——起码也是在申请加入一个俱乐部。

米兰·昆德拉在小说《不能承受的生命之轻》中描写了这样一个人物，一个年轻女性，上街时喜欢在腋下夹一本书。"对她来说，书就像上个世纪纨绔子弟的优雅手杖一般，"昆德拉写道，"使她显得与众不同。"[3]我想起我十几岁时，认识的人都爱这样拿书。狄更斯的长篇小说《荒凉山庄》似乎是人们携带出门的热门选择。而我随身携带的则是拜伦的喜剧史诗《唐·璜》。这些书对我们那个时代的读者来说是阅读的宏伟大业。一连好几个星期，我们都携带着这些厚厚的平装书出行，任书签徐缓地挪向封底。着手阅读这些书是一份宣言，而完成阅读则是一项成就。

我们渴望被人看重。我们想让别人知道，我们看重我们自己。我们希望这些书能表明我们不是普通的读者，而是兢兢业业的学生。我们也留意别人在看的书，搜寻志趣相投的人。昆德拉笔下的人物也认为，"书是确认一个秘密兄弟会的暗号"[4]——尽管在我的记忆中，我看到的姐妹和兄弟一样多。有些青少年身着他们最喜欢的球队的同色球衣来显示自己的身份。有些青少年穿着印有他们最喜欢的乐队名称的皮夹克来建立一种自我意识。还有些青少年用书来衬托自己的个性，随身带着一册《安娜·卡列尼娜》，让你一看就知道你在和什么样的人打交道。电子书则没有这样的功能，因为无论你在平板电脑和电子阅读器上读什么，看起来都一样。等到再没有人会在腋下夹一本笨重的平装书时，未来的青少年要想凸显自己，便不得不另辟蹊径了。

※

我想我的同学并不会成为伟大的英雄人物，不会成为远征或其他重要军事行动的霸主和领袖，因为我们的学校或许不是那种类型的学校。但我们通过随身携带自己挑选的书来追随一些伟人的脚步。据普鲁塔克[①]所言，亚历山大大帝在作战时总是带着一卷荷马的著作。《荷马史诗》中那些神祇与勇士的故事，激

---

① 罗马帝国时代的希腊作家、哲学家、历史学家。以撰写《希腊罗马名人传》闻名后世。——编者注

励着他实现自己的征伐大业。拿破仑在建立他的帝国时，从未丢开过他的那本莪相（Ossian）的诗集。那本书让他把自己想象成了莪相笔下的传奇战斗英雄芬戈尔的化身。

欧内斯特·沙克尔顿（Ernest Shackleton）去南极探险时带着一本《圣经》。那是亚历山德拉王后（英国国王爱德华七世的遗孀）在1914年赐予他的。当船员们不得不放弃他们的"坚忍号"船时，沙克尔顿坚决主张丢掉除了必需品之外的一切，以减轻他们不得不拖着行李在冰面上跋涉的负荷。他撕下了亚历山德拉王后赐予他的《圣经》的其中两页，余下的都扔掉了。其中一页上有王后的题词。另一页上印有《旧约·约伯记》中的一节经文。

对这些胸怀大志的人来说，书不但是有用的工具，还是困难时期的慰藉。他们的书发挥了护身符的作用，其重要性已经超出了书中文本。我相信沙克尔顿在撕下《圣经》上的那一页之前，早就将《约伯记》中的经文记得滚瓜烂熟了。但有时仅是阅读和回忆书中字句是不够的：我们需要在手边留有一册珍贵的书，以记住它对我们有多重要。或是像沙克尔顿那样，留有一点残章断简也好。

※

书与我们的身份之间的关系，除了有赖于我们会读的书，也有赖于我们不会读（至少是不会让别人看到我们在读）的书。据说20世纪的上班族会把《查泰莱夫人的情人》[1]藏在报纸后面。色情书刊的读者一般不会把书随便乱扔，让保姆看到。如果你准备去面试工作，就得确保你的包里不会露出一本垃圾小说——可能给人留下不好的印象。不要带一本不合时宜的平装书去和你那些品味高雅的朋友共进晚餐。

在有些场合，假装读过一些你其实没有读过的东西才是明智之举——我怀疑我的一些学生就经常这么干。但有些时候，人们也会假装自己没有读过——或不记得读过——他们几乎肯定有所涉猎的书。几年前，我受邀参加牛津大学一所学院的晚宴，坐的是主桌。你可以说这是我的工作福利，也可以说是我的职业弊端，我倒是一向很喜欢这样的场合。当时，我端

---

① 劳伦斯的长篇小说，因包含大量的情爱描写，曾在很长一段时间内被禁止发行。——译者注

着雪莉酒在别人的引荐之下结识了一位年轻教师，他身着丝绒外套，看起来扬扬自得。他在谈话中突然想说《五十度灰》——具体原因我已经记不清了，甚至连想象都想象不出来。他不愿承认自己其实知道这个书名——那可太低俗了，于是就上演了一小段滑稽的哑剧。"就是那本人人都为之大惊小怪的书，你知道的。"他说着，用那只没有拿着雪莉酒酒杯的手轻描淡写地比画了一下。"五十什么什么来着。"他指望我把书名说出来，好显得我比他更关注流行文化。恕不奉陪。

通常在这种场合下，你最好尽可能地展现自己对书了解甚深。但如今还有一种新的改良玩法——炫耀自己对某些书知之甚少，与炫耀自己对其他书知之甚多一样重要。就这样，我们玩起了一场奇特的比谁更无知的游戏，他假装不记得书名，我假装不知道他在说什么，耗了仿佛一个世纪。色情题材并非症结所在。我相信如果我们讨论的是萨福①（Sappho）或

---

① 古希腊抒情诗人，常在诗作中直白地表达女性之间的爱欲。——译者注

卡图卢斯①（Catullus）的抒情诗，他的记忆力会很好。让他张口结舌的是虚荣，不是色情题材。身为学者，他的自身形象与书密不可分，但就像他声称很了解的书一样，他假装不了解的书同样塑造了他的自身形象。之后，我又发现他在煞有介事地向在座来宾讲解该顺着哪个方向传递葡萄酒瓶。

※

有些时候，我们不是想远离某些特定的书，而是想远离所有书。歌德的感伤小说《少年维特的烦恼》曾风靡欧洲。小说开篇，维特回到乡下后，他的朋友以为他可能希望他们寄些书给他消遣。但维特对他蛰居乡间的生活另有安排。"你问我要不要把我的书寄来？——天哪，我亲爱的朋友，千万不要那么做！"维特已经读书读腻了。"我再也不想听人指挥、受人鼓舞、为人煽动了。"⁵只有一本书例外——他最珍视的《荷马史诗》，他走到哪儿带到哪儿（好似亚历山大大帝）。

---

① 古罗马诗人，继承了萨福抒情诗的传统，对后世的维吉尔、莎士比亚都产生了深远影响。——译者注

在乔治·克雷布（George Crabbe）的诗歌《彼得·格赖姆斯》（*Peter Grimes*）中，年少的彼得不愿和他那贫穷却虔诚的父亲一起坐在他们的小屋里读《圣经》。比起花时间读书，他宁愿待在户外。"'这是生活之道。'父亲吼道。／'这是生活本身。'少年答道"（第18～19行）。克雷布笔下的格赖姆斯并不像作曲家本杰明·布里顿（Benjamin Britten）和剧作家蒙塔古·斯莱特（Montagu Slater）于1945年依据这首诗创作的歌剧中的那个富有同情心的悲剧人物。但在克雷布的诗歌中，格赖姆斯不好看书而向往"生活本身"，并非在为他日后将显露出来的堕落——格赖姆斯害死了跟着他的小学徒——埋下伏笔。相反，写年少的格赖姆斯对书的排斥只是想表达他是个不服管束、充满野性的年轻人，他在阳光明媚的日子里躁动不已，无法枯坐室内。塑造我们身份的不仅是那些我们购买、保存、阅读和随身携带的书，还有那些我们为了别的事物而抛诸脑后的书。对格赖姆斯和维特而言，要活得充实、活得幸福，就意味着要懂得适时地放下书。

1798年，威廉·华兹华斯在题为《规劝与回应》（*Expostulation and Reply*）和《转折》（*The Tables Turned*）的两首诗中阐释了这一观点。在第一首诗中，诗人的朋友责备他花了太多时间在外闲逛，忽略了读书。"你的书呢？——没有那代代相传的光芒／人们会无助而短视！／起来！起来！从古圣先贤那里／饮下他们精神的醇醪"（第5～8行）。这位朋友继而说，生活中若没有书，你便看不到你在历史中的位置，无法吸取过去的教训，"仿佛……在你之前无人存在！"（第11～12行）。但在第二首诗中，华兹华斯回应了这一指责，他断言大自然胜于书本："书啊！枯燥无尽的烦恼：／来，听听林间红雀啼鸣，／歌声何等美妙！我发誓，／其间定有更多智慧"（第9～12行）。与其继续待在室内读下一章，不如出去走走，听听鸟鸣。正如年少的格赖姆斯所认为的那样，花太多时间在书上，并不能丰富你的生活，反而会让你错失生活中一些重要的事。

所有这些例子——歌德、克雷布、华兹华斯——都发生在印刷书开始变得更便宜、更普及的时期，这并非巧合。大约从18世纪70年代起，书的流通总量开始呈指数级增长，标志着图书产量的提升，往后也鲜有放缓之势。印刷饱和的时代自此开启。印刷技术推陈出新，诞生了第一台全金属印刷机和第一张机制纸。书沿着路况大为改善的公路和船运航道分送至各地，而后很快也沿着运河和铁路分送。此外，教育水平的进步带动了识字率的上升，有助于形成大规模的阅读群体。

直至 1865 年，在法国诗人斯特凡·马拉美（Stéphane Mallarmé）写下 "La chair est triste, hélas! et j'ai lu tous les livres"（肉体何其可悲，唉！我已阅尽世间书）之际，市面上的书实已浩如烟海，任何人都不可能尽览。他并不是在写实（除非他指的是"自己书架上的所有书"），而是意在勾起一种泛泛的百无聊赖之感。成长于这个时期的人似能拥有很多祖辈闻所未闻的书。于是乎，像歌德、克雷布和华兹华斯这样的文学作家有时难免对书心生矛盾。一方面，他们不屑于像个书呆子似的埋首书堆，而喜欢与大自然进行有益的接触；另一方面，他们要依靠图书市场传播他们的作品。我们对书的一些矛盾心理与歌德、克雷布和华兹华斯"一脉相承"。有时我们觉得自己已经读书读腻了，想彻底摆脱书。但这种反应实际上间接证明了书强有力地塑造了我们的身份，并深入渗透到了我们的自我意识之中。

※

也许正是因为书能如此强有力地占据我们的意识，反过来，我们对它们的占有也极其强烈。如前所述，长久以来人们都借由环衬页上的藏书票、图章或签名，标明自己对书的所有权。小孩通常会在书的正面写下自己的名字，以免他的书被兄弟姐妹或同学据为己有。特别是全班都使用同一本教材或注音读本时，就更有必要这么做了。书主的签名用途很实际：能在有好几本同样的书的情况下，告诉我们哪一本是谁的，一如缝在校服上的姓名条。若小时候和兄弟姐妹同住一间卧室，签名就是在封疆画界。我认为，成年人在书上标明自己的所有权，遵循的也是同样的逻辑。亲笔签名或粘在书里的藏书票，能让一度借出去的书原路返回到书主身边。但它也代表着一种更为根本的占有行为。书主的签名是在强调，在所有流通的这版书中，唯有这本是特别的。这本是我的。

签名将这本书与其余印本区分开来，令其变得个性化。签名让一本书专属于某位读者，但也让一本书归属于另一堆书——自己书房里的那堆书。虽然其他同名书里通常不会再有我们的签名、图章或藏书票，但我们还用这种方式标明了许多其他书的所有权。因此，所有权的标记将这本书与自己用类似方式标记的其他书联系在了一起。它宣告着这本书已经在自己的阅读生涯和私人财产中占据了一席之地。在书的环衬页上标明主人的身份，也体现出书主意识到了书在塑造持有者身份上所发挥的重要作用。

※

自亚历山大大帝随身带着他的《荷马史诗》东征西讨以来，书便成了人们塑造自我形象时不可或缺的道具。肖像画经常描绘手中拿着书的人物。他们也可能真的在全神贯注地阅读——刻画某人的阅读之姿，往往代表着有意捕捉人物内心世界的艺术追求。就像1734年夏尔丹描绘了一位衣着考究的读书人聚精会神地读着一本大开本的书，他的羽毛笔就放在手肘旁，随时用以记笔记；还有17世纪50年代，维米尔画过一名在窗前读信的女性。有的人物可能暂时用一根手指卡在书页之间，标记他们读到了什么位置，仿佛那一刻他们刚刚从书本中抽离出来——那看了一半的书强化了一种错觉，即一幅需要数小时才能完成的画作，竟能描绘画中人生活的一个瞬间。摆放一本书作为道具也显示出，画中人还有比坐着让人为他画像更重要的事情要做——它暗示着创作这幅画并非出于画中人的虚荣心，只是在他们专注阅读时随手为之而已。我想没人会想给我画肖像，但如果要画，我肯定会带本书去坐着。为打发时间，我会选一本精彩纷呈的侦探小说，然后让画家把封面绘成"荷马"或"弥尔顿"。

无论是否真的会拿来阅读，书都是展现学识和权力的传统布景。就算数据检索库早已取代了实体书，许多律师的办公室里仍码放着大量的诉讼卷宗。排列在书架上的那些整齐划一的书脊，展现的是律师的专业知识，旨在向客户保证这位律师业务精湛，对得起他的收费。高校经常将高层管理者的肖像挂在墙上，他们在画中几乎无一不是身处一排排书架前，即便他们的工作其实已被会议、简报和邮件所填满，几乎无暇读书。书的存在是为了表明他们是知识分子。

这并非什么新鲜事：1805年，身为诗人、作家和编辑的罗伯特·骚塞（Robert Southey）在一封信里抱怨："现在的书如此昂贵，再没有比书更像高档家具的东西了。"[6]

在儒勒·凡尔纳的经典冒险小说《海底两万里》中，船长尼摩远离人类社会，以他那奇妙的潜艇"鹦鹉螺号"为家。但他也带走了一些文明社会创造的福祉，其中就包括一间藏书室，内有一万两千册统一装订的多语种书籍。主人翁阿龙纳斯教授说："一想到它可以跟着你去往海底最深处，真叫我惊叹不已。"尼摩很喜欢这间"就算放到大陆上的许多宫殿里也毫不逊色的藏书室"。[7]在这个充满奇幻色彩的故事中，潜艇里的这间藏书室最叫人难以置信。不过这些书是为了说明一个问题。凡尔纳借这间一应俱全的藏书室清楚地表明，尽管尼摩不与世人来往，但他仍是个高度文明之人。这些藏书让读者知晓了尼摩是怎么看待他自己的。

※

几年前，我窥见过另一间宫殿级的藏书室，不过是陆地上的。《每日电讯报》当时刊登了一张女王在其位于苏格兰的行宫巴尔莫勒尔城堡的藏书室里接见加拿大总督的照片。[8]与20世纪70年代在这间房里拍摄的照片进行比较后发现，书架上的书在这四十年间都未曾变动过。不过，这未必代表在此期间都没人碰过这些书。也许女王在想看看闲书时，习惯取下一卷威廉·弗雷泽爵士（Sir William Fraser）描写苏格兰氏族领袖的系列作品（可以在照片中的书架上看到这部书），看完后再将其放回原处。但更为可能的情况是，在过去的四十年间，甚至更长的时间里，这些书一直整齐地守候在这里，除了定期除尘之外，无人问津。我甚至怀疑从未有人读过这些书。

即便如此，这些书还是发挥了应有的作用，为文明生活提供了一张布景，也为接待来访的大人物提供了一个合适的场所。此时，这些应当摆设的书所塑造的身份不是一介平民百姓，而是一位公众人物——例如，对苏格兰氏族怀有明显的兴趣，可能被解读为保证苏格兰隶属英联邦的标志，而不仅仅是个人兴趣的象征。藏书室是一个介于私人与公共之间的空间。夜间，女王可能会在这里读一本好书放松放松（至少理论上是可能的），用这样的房间待客，尽地主之谊，表明这位总督不仅值得女王在一个符合国事礼仪的场所进行正式会晤，还获得了受邀到女王家做客的殊荣。

在这些例子中，书的阅读功能无关紧要，书作为物品的功能才是重点。事实上，这种时候很有可能会使用根本无法阅读的书。亚历山大·蒲柏（Alexander Pope）在1731年写的一首诗《与伯灵顿书》（*Epistle to Burlington*）中，描述了一座陈设考究的乡村别墅中的藏书室，上层书架上的书全是木头做的。蒲柏显然认为，由此可见这家主人是个庸人。骚塞想必也会附议：在我刚才提过的那封信中，他数落一个暴发户，"威尔特郡有个服装商只跟书商说了他书架的尺寸，其余的什么也没提"。现在很多咖啡店和酒吧也是这么做的，论斤买书，用以装饰墙面。有次我在一家店里看到一个小牌子，上面写着"书仅作装饰之用"，避免有人想读这些书。

实际上，使用假书好像相当普遍，就算在一些鼎鼎大名的藏书室里，书作为室内装饰品的潜力也超过了其作为读物的意义。查茨沃斯庄园是德文郡公爵的宅邸，也是英国最宏伟的豪华古宅之一。那儿的藏书室的门上画满了书，将通往图书展馆的楼梯"隐藏"了起来。但那些滑稽的书名露出了破绽。其中有些书名是19世纪的诗人托马斯·胡德（Thomas Hood）取的，他是第六代德文郡公爵的朋友。及至20世纪60年代又加装了一扇门，德文郡公爵的夫人找到她的朋友帕特里克·莱斯·弗莫尔（上一章对他略有提及），请他再想一些好笑的书名。他取的书名有《直觉》（*Intuition*）——作者名为"我有种预感"[1]，还有《性自主的成年人》（*Consenting Adults*）——作者名为"有心又有力"[2]。9

　　将书用作布景或室内设计的元素，似乎是种相当不入流的做法。这些做法看起来是对书的滥用，仿佛存在道德问题或是不懂书的真正价值。毕竟，书不该是拿来读的吗？用书来做室内设计、做展览、当布景、当摆设，岂不是偏离了正道，没能物尽其用？毋庸置疑，威廉·弗雷泽爵士在撰写关于苏格兰氏族领袖的著作时，肯定希望它们能为人阅读，而不是被拿来当

---

[1]　Ivor Hunch，音近 I've a hunch。——译者注

[2]　Abel N. Willing，音近 Able and Willing。——译者注

作高档的墙纸替代品或是外交上的门面砖。但阅读只是人们用书所做的诸多事情之一，而且还未必是最主要的那一件。想让一本书彰显你的身份，并非一定要读过它。

※

然而，书不仅能彰显我们的身份，还能帮我们建构身份。书是一种强大的记忆辅助术。哈姆雷特受父亲的亡魂所托，要为父报仇，他发誓忘记"一切书本上的格言"（也就是他从书本上学到的所有金玉良言），如此一来亡魂的"命令将独留于／我大脑的书卷中，／不掺杂任何卑劣之想"。他的大脑不仅储存着他从书里读到的东西，其本身就形同一本书。

备忘和记录是书籍和写作最初的用途。我们所知的一些最早的书就是为此制造出来的。在大约五千年前的秘鲁安第斯山脉，美洲最古老的部落有结绳记事的文明。[10]他们将绳子染成不同的颜色，然后在一根水平的绳子上悬挂一连串打了结的绳子，有点像圣诞节时郊外别墅的屋檐上挂着的一串串彩灯。这些打了结的绳子被称为"奇普"（在秘鲁盖丘亚语中意为"绳结"），是最早的一种"书"。

有些奇普仅有寥寥数根打了结的绳子，还有些则有多达两千根绳子。结绳官（专门制作与维护奇普的人）用系上绳结和解开绳结的方法，记录交易详情、商品库存，也许还能对其他信息进行编码。这些绳结并非私人密码，任何受过训练的结绳官都能读懂。直到16世纪30年代西班牙殖民者抵达这里时，奇普仍在使用。奇普随殖民者的船只返回欧洲后令学者们深为着迷，他们觉得这些异域之物代表着一种截然不同的书写系统。他们认为，这些绳结起到了类似音节的功能，可以组合成单词，用以表达思想、编织故事。[11]现代专家则有更多疑惑。奇普能否表达单词、地名或叙事，还是说它们更像会计所用的试算表，只储存数据信息，现代专家在这个问题上莫衷一是。但不管怎样，无论奇普记载的是牲口的数量，抑或是史诗中的情节，似乎都有赖于打了结的绳子和使用者记忆之间的相互作用。

※

现代的印刷翻页书也是一种制造和辅助记忆的工具。它将线性呈现的信息与其空间布局结合了起来。一方面，我们读书的方式是线性的，我们的眼睛往往是从左往右、从上往下地扫过书页，目之所及的文字便在意识中铺陈开来。另一方面，我们接收书面文字的方式与听人朗读（无论是当面朗读还是录音）的方式大致相同。从这个意义上说，书犹如一种外部存储设备，我们可以反复打开它，在脑海中按照同样的顺序"收听"同样的文本。

但我认为书和记忆之间的联系还不止于此。书页上的每一个字相对其他字和空格（如首行缩进、分段换行和页边留白）而言，都占据着一个特定的位置。与此同时，书里的每页纸也各居其位。书的这种空间维度从根本上影响着我们感知一本书的存在和记忆所读内容的方式。我们还会用触觉来估计自己读到了哪一部分。简·奥斯汀在《诺桑觉寺》的最后一章中就提到了书的这一维度，她慧黠地指出小说家所设置的悬念不过是白费功夫，那些期待着圆满结局的读者

"一看到故事给压缩得只剩这么几页了，自然明白我们正大踏步地迈向幸福美满"。[12]我们可以靠手指感觉出自己已经读了多少页，还剩多少页。

19世纪末，法国眼科专家路易斯·埃米尔·贾瓦尔（Louis Émile Javal）观察到，人们在阅读时眼睛并非平滑地从左往右、从上往下地移动，而是迅疾地前后移动，每秒小幅跳跃着弹动数次，他称之为"眼跳"[13]（saccades，所谓"跳"就是指间歇、断续的动作）。科学家使用眼球追踪软件证实了贾瓦尔的观察结果。阅读时，我们会根据页面布局来把握阅读的内容。具象诗①最大限度地利用了这一点，将文字排版之美融进了诗歌艺术中。不过任何一本印刷书或手抄书都存在空间维度。

前面说到的这些事实，可以协助我们理解书是如何与我们的记忆交织起来的。当我回想书中的某个片段时，无论是一个有引用价值的段落、一番高见，还是一个高潮迭起的场景，我通常都记不太清具体词句。但我往往对那一段在书的哪个位置有种空间和触

---

① 具象诗摆脱了线性的句子结构，可借助文字排版、字形特征等多种视觉效果和语言元素自由表达。——译者注

感上的印象——是在书页的顶部还是底部，是翻开书的左手边还是右手边，等等。一些书的部分构件材质也有助于记忆：封面在我经常施压的位置会出现龟裂或变得软塌塌的，于是这些书一打开就会自动翻到一些让我回味无穷或反复阅读的段落。这就是为什么我总觉得用自己的书比用别人的书更容易找到自己喜欢的段落。

※

我想，书之所以能很好地辅助记忆，有一部分原因是它能让我们启用两种不同的记忆过程，并将它们合二为一。科学家将大脑储存和处理听觉（语音）记忆的方式与处理视觉–空间记忆的方式进行了区分。故而，如果你要记住一首需要背诵的诗，你使用的是一种记忆；但如果你要记住去朋友家的路，使用的就是另一种记忆。我们对视觉–空间记忆的了解，远比对听觉（语音）记忆的了解深得多，一定程度上是因为前者更容易通过实验进行探索。你可以让小白鼠走迷宫，测试其视觉–空间记忆，但你无法要求小白鼠记住一首诗。我们已知大脑似乎有专门的区域用以储存视觉–空间记忆，我们储存这类记忆的容量大于其他类型的记忆。

"记忆运动员"会训练自己记忆大量信息，譬如一副扑克牌的顺序。他们通常使用的是"定位"法，好比"记忆宫殿"。这种技术旨在将需要记忆的内容与你熟悉的空间位置联系起来。例如，你想记住一篇演讲稿，就可以将你要讲的每一个要点与你发表演讲的礼堂的不同位置联系起来，然后在演讲时，依次扫视礼堂中的各个定位点。这种方法之所以如此见效，是因为它利用具有更多神经资源的视觉–空间记忆过程来辅助言语记忆过程。这两种记忆过程双管齐下，远比我们单独使用听觉（语音）记忆更有助于记住言语或数字信息。

我认为书的物质形态也将这两种记忆过程糅合在了一起。阅读一本书，你会对读过的文字形成言语记忆。动人心弦的诗句、气势恢宏的散文或出人意料的数据都会给你留下印象。但你对这些东西的记忆往往并不准确。如不温故，也不加强记忆，储存在脑中的我们读过的大半内容都流逝得快得惊人。不过，若你想重新找到那段已经记不大清的文章，你还可以调用你当初阅读时从书中获得的视觉-空间线索。除了记得那是一个表述得很精辟的巧思之外，你可能还记得它出现在序言的最后一段或是整本书最后一章的开头。你可能留有曾在左页底部或右页顶部读到过它的视觉记忆。这些非言语的线索可以协助唤起你的文字记忆，让你重新找到已经记不清的文章。

若真如此，这便是纸质书与电子书或有声书有所区别的一个重要方面。有声书和电子书不像纸质书那样，具有视觉-空间或触觉线索。虽然还未经广泛研究，但有些初步的证据表明，在电子屏幕上阅读的人的记忆，没有读纸质书的人的记忆那么完整透彻。[14] 究其原因，可能与印刷翻页书协助记忆过程的独特方式有关，而我们通常都对这种方式熟视无睹。

※

当我浏览我的书架时，我也是在回顾过去的经历、过去的自己。在其中一个书架上，可以看到与我的博士学位课题有关的书。在另一个书架上，自从几年前首次接触 P. G. 伍德豪斯（P. G. Wodehouse）的作品后，我读过的他的小说如今已经单独占据了一层架子。有些人还保留着童年时最爱的书，或是之后又购买了新版本。把书在书架上依次排列开来——无论是何种顺序——就是在将时间转换成空间。每本书都要花费数小时才能读完，一整个书架的书可能要读上好几年，但当这些书在书架上并排而立时，一眼便能尽览。经历被空间化，时间变得扁平化。

因此，我的书架让我感到安慰，即阅读是一种积累：我在阅读时，不仅是在花时间看书，也是在投入时间培养一个更博学的自己。书架逐渐被填满，阅读者的知识及涉猎的范围也越积越多。书中文本提供的是一段持续数小时的体验，而一本书却是一笔可以留存多年的财富。

购买、保留、储存、整理和陈列，这些举动都证明我们对书怀有长久的关切之情。有些书——即便最初我们是在图书馆遇到的——似乎需要我们付出更多的时间与金钱。对于这类书，我们会买下来，留在身边。之所以这么做，是因为预感到我们会长久地需要它们。我们想拥有这些书，不只是为了有时间读完它们，更是觉得自己将来还会重温，不管是从头到尾一页不落地重看一遍，还是只是随手再翻几页，抑或是查阅里面喜欢的段落或信息。就算读过的内容我们大多都想不起来了，这些书的存在也犹如一种备忘，一种令人安心的信号，表明我们读过的东西并非荡然无存。书架上的书是堆叠的沙袋，用以抵御遗忘的洪流。

04

书／关系

书如何建立我们与他人的关系

我给教授做助教时，经常和他互相借书看。在我借给他的书页空白处，有些信笔写下的幼稚批注，总让我觉得有些难为情。但有天他把书还给我后，我惊愕地发现他添上了自己的注释。待我平息了自己的第一反应——他怎么敢在我的书上写字！——之后，我注意到他的笔迹很整洁，不像他在自己的书上写得那么潦草。他并非出于习惯，在阅读时草草记下了自己的想法——而是有意要写得清楚明了。这些笔记是留给我的信息，不是他自己的备忘。这是在邀我切磋探讨。我们共同将那本书变成一个可以和作者开展三方辩论的空间。这场笔谈虽始于书页间，但又溢出封面，渗入我们的谈话中。在这个过程中，这本书以及我们使用它的方式，加深并丰富了我们的学术关系。

翻开那本书，我发觉书对于我们的关系是何等重要。我以前没怎么想过这个问题，也许是因为我们常常把读书想象成一个人的活动，想象成一种疏远他人也为他人所疏远的体验。书能构建的似乎是读者与书中人物的关系，而非读者与其他人的关系。这种关系可能带有强烈的感情色彩，我们可能在书中人物身上看到自己的影子，发觉我们有点迷上他们或对他们爱恨交加。如果作者写的是自己的心声，我们也可能对作者产生一些感情，或惺惺相惜，或气得想扔书。书可能会妨碍或挤占我们与他人的关系，但也会在阅读时为我们创造新的虚拟关系，以此补偿我们。

但书真的会让我们离群索居，用虚拟关系代替真正的人际关系吗？花在书本上的时间，都是从社会生活和社会责任中窃取而来的吗？我认为不尽然。思考这个问题时，我意识到与我有过书缘的人的名字有一长串，教授只是其中最新的那一位而已。书可以帮我们塑造人际关系，从最事务性的关系到最亲密无间的关系，无所不包。小时候，我们在临睡前与父母并肩而坐阅读同一本书时，书就已经潜入了亲子之间。长大后，书如同代币似的在人群中流通，留下五花八门的痕迹。我们不只通过书和作者或角色建立关系，也会通过书和其他人建立关系。书深入人群，在人与人之间筑起桥梁或壁垒。书让我们走到一起，有时，也让我们分道扬镳。

比起我和教授，有些人的做法更进一步，他们不仅在书里写字，还把书变成了一项呕心沥血的共同事业。以前，有钱人有时会在定制的封面上饰以他们名字的首字母、家族纹章或其他标志。还有些人喜欢往书里添加插图，购买一些版画，然后将书重新装订，把这些画加进书里。这种做法被称为配补插图或"格兰杰式插图"（Grangerising），因为詹姆斯·格兰杰（James Granger）的《英国传记史》[①]（*Biographical History of England*）是用这种方法加以装饰的最有名的书。一旦你开始往书里添加插图，就容易变得一发不可收拾。书里提到的每个人物似乎都需要配肖像画，每个地点都需要配风景画。一旦你找到了某个有趣人物的肖像画，那何不一并给他的妻子、女儿和家宅也配上插图？有些读者收集了数以千计的插图，他们的书也随之膨胀，多出了好多卷。在兰开夏郡的博尔顿中央图书馆内，你可以见到由艺术家兼出版人罗伯特·鲍耶（Robert Bowyer）在18世纪末配补插图的一部《圣经》，里面大约有七千幅版画。鲍耶的这部《圣经》由此猛增到了四十五卷，他把这些书储存在一个专门定制的书柜里。

[①] 格兰杰在这部著作中专门插入了很多空白页，供读者自行配补插图。——译者注

不过，若论为书配补插图的鼻祖，当数我们所说的"萨瑟兰版的克拉伦登"，它们现在正沉甸甸地压在牛津大学阿什莫尔博物馆的书架上。这部书反映了一段建立在共同执念之上的亲密关系。亚历山大·萨瑟兰（Alexander Sutherland）和夏洛特·萨瑟兰（Charlotte Sutherland）这对夫妻档花费了近四十五年时间，为克拉伦登伯爵（Lord Clarendon）所著的《大叛乱史》（*History of the Rebellion*，1702年首次出版）收集插图。亚历山大可能在1812年与第二任妻子夏洛特结婚之前便开始收集插图了，但这项事业没多久就变成了二人携手之功。他们的热情迅速超越了克拉伦登的史书，蔓延到他的另外两部书和吉尔伯特·伯内特（Gilbert Burnet）的《当代史》（*History of His Own Time*）上。他们将这些书拆开，把书页嵌到更大幅的纸上，以容纳更多更大的插图。这项事业在1820年亚历山大逝世时仍未完成，夏洛特（比她丈夫年轻近三十岁）又继续收集了二十载的插图。直至1839年，一切才终于大功告成（尽管在这些情况下不知怎样才算"告成"），为了容纳近两万幅插图，那些书已经变成了多达六十一卷的鸿篇巨制。[1]

萨瑟兰夫妇将他们的书装饰得富丽堂皇,像18世纪的一些农场主改造自己的房屋和庄园似的"改造"他们的书。在这个过程中,他们仿佛和原作者一样成了书的著作人。这些书成了他们夫妇二人共同经营的一项事业,尽管萨瑟兰经商发家,并非贵族,但这件事却为他们提供了一种风雅的消遣,似是合乎有教养的上流身份。这项事业还让他们结交了一大帮朋友和熟人,帮他们搜寻和购买各色版画。他们为之坚持了数十载,有一部分原因是这件事已然变成了二人婚姻的核心。这是一项艰巨的任务,耗费了他们无数的精力,我想他们有时一定会暗暗自忖,除了装饰这些书,他们夫妻之间还有什么共同之处。亚历山大死后,给书添加插图也成了夏洛特哀悼丈夫的一种方式。丈夫在世时,收集和整理插图是他俩最常做的事之一。如今斯人已逝,丰富和整理他们的收藏或许便成了追忆他、靠近他的一种方式。

※

在今日看来,萨瑟兰夫妇和其他格兰杰式插图家似乎都有些古怪。他们痴迷于在书页间积藏插图。直到现在很多人依旧会将他们的书变得个性化，并在此过程中塑造或建立起与他人的关系。约瑟夫·康拉德（Joseph Conrad）的儿子博雷斯（Borys）十分钟爱他父亲的小说，就连十九岁参加第一次世界大战时，也随身带着父亲最新的小说。那本书——《阴影线》（The Shadow Line）——讲述的是一个航海故事，一名年轻人当上了一艘开往东方的船只的船长。这个关于成长的故事常常被认为是对第一次世界大战的隐喻，康拉德将这本书献给了博雷斯"和其他同他一样的年纪轻轻便跨越了他们那代人的阴影线的所有人"。博雷斯负了伤，但仍从前线活着回来了。那本书却未能幸免于难。他父亲又给了他一本新的，并在题词的开头写道："致我最疼爱的儿子，以弥补他于1918年3月在索姆河前线失去的第一版，尽管他竭力想从火中救回那本书。"

在父亲的书中，《阴影线》是博雷斯最喜欢的一本，他一生都在反复阅读这本书。[2]但康拉德身为父亲时有暴躁冷漠的一面，两人的关系有时也很紧张。这句题词的开头温柔备至，称博雷斯为"我最疼爱的儿子"。但整句话并非一派融洽。康拉德提到了一个几乎难以为人察觉的细节，那本失救的书并不普通，而是一本珍贵的首版书。他说儿子"竭力想从火中救回那本书"，似是在安慰自己，博雷斯真的非常珍惜那本失救的书，并没有轻易放弃；也可能是在安慰博雷斯，事情的经过为父都知道。因此，这本写有题词的书在父子之间起到了调解作用，巩固了两人的关系，并记录下了康拉德对儿子从前线平安归来的感恩之情。但与此同时也不禁让人注意到他们之间暗流涌动的紧张关系。

※

对恋人或想要成就恋情的人来说，书能越发有力地将他们联结起来。在但丁的《神曲·地狱篇》中，保罗与弗兰齐斯嘉因一本书走到了一起。但丁在地狱的第二层遇到了他们，那里专门惩罚淫秽之人。弗兰齐斯嘉解释了在她嫁给保罗的哥哥不久后，她和保罗便萌发出了恋情。彼时两人一起在花园读书，他们头挨着头，看着同一本书。书中的故事发生在骑士时代，讲述了骑士朗斯洛坠入爱河的始末。当故事发展到高潮时，朗斯洛终于亲吻了他爱慕已久的女性，保罗也在这时亲吻了弗兰齐斯嘉，吻得浑身战栗（tutto tremante），他们发现自己已陷入禁忌之恋。弗兰齐斯嘉腼腆地说："那一天，我们没有再读下去（quel giorno più non vi leggemmo avante）。"[3]那本书为他们牵线搭桥，成了他们的媒人，将一段纯洁的关系引向鱼水之欢。

约翰·济慈临终前用一本带有铅笔批注的书作为传达他爱意的信物。1820年6月，济慈为找一处气候温暖的地方改善他每况愈下的健康状况，决定动身前往意大利，出发之前，他的爱人芬妮·勃劳恩（Fanny Brawne）送了他一枚戒指和一些鲜花。济慈在英国度过生命的最后几日时，在埃德蒙·斯宾塞（Edmund Spenser）的诗集中画下了一些"最美的段落"，作为回礼寄给了她。[4]这是他送她的最后一份礼物。济慈的这种做法并不鲜见。19世纪许多谈情说爱的情侣——也包括今天的一些人——都会为对方读诗，让书成为他们爱情的纽带，成为两人的羁绊。

我想，讲述爱情的诗歌和故事应该最契合这一目的。书中所表达的感情很容易转化为读书之人对彼此的感情。但书的物质形态在此也发挥了作用。在恰当的氛围下，哪怕是毫不浪漫的书也可能染上情欲。就连学生在一起学习时，也可能发现自己的注意力总是从教科书游移到学习伙伴身上。而正如保罗和弗兰齐斯嘉那样，一起头挨着头盯着摊开的书本，翻页时两手相碰，情感的火花便随之点燃。或是像约翰·济慈和芬妮·勃劳恩那样，形势所迫不得不与恋人分别，书可以成为两人之间一种有形的联结，跨越相隔之远，将书页上爱人触摸过的痕迹传递给对方。

※

爱德华·布尔沃－利顿（Edward Bulwer-Lytton）1828年出版的小说《佩勒姆》（*Pelham*）中有一个场景，里面的对话简要提及了费利西娅·赫曼斯（Felicia Hemans）的诗集。在小说结尾嫁给了亨利·佩勒姆的埃伦欣喜于另外一个人在无意中翻阅了那本赫曼斯的诗集，并承认书页空白处的批注是她留下的。佩勒姆很快便起身告辞。"我抓起帽子就走，但并非完全孑然一身，我还神不知鬼不觉地顺走了埃伦亲手写过批注的那本书。"那本被偷的书成了埃伦的替代品，使得佩勒姆不再"完全孑然一身"。透过这本书可以接触到她的思想和喜好，还有她亲手写下的批注中蕴藏的她身体的印记。"在许多痛苦的白天和无眠的黑夜中，"佩勒姆继续饱含深情地说道，"唯有那本书陪伴着我。现在它就摆在我面前，摊开的那一页上还留有过去的泪痕。"[5]佩勒姆在书中留下了自身的印记，用眼泪而非墨水。眼泪让书页"发了泡"，使得触摸这些书页越发像是在触摸书主的肌肤。

1819年，拜伦勋爵在比萨借阅了他的情人特蕾莎·古奇奥利（Teresa Guiccioli）的一本书，并坐在她的花园里读了起来。那是一本《科琳娜》（Corinne），出自法国流亡作家斯塔尔夫人（Madame de Staël）之手，拜伦几年前在英国和瑞士见过她。他翻到书的末尾，在空白处写道：

> 　　亲爱的特蕾莎，我在你的花园里看完了这本书。我的心上人，这都是因为你不在，否则我不可能看得完。这是你最喜欢的一本书，作者是我的朋友。你看不懂这些英文，其他人也看不懂——这就是为何我有意没用意大利语写。但你会认出那个深爱着你的男人的笔迹，你也

会猜到在看这本属于你的书时，他所能想到的唯有爱情。[6]

这本书成了向书主秘密传递消息的载体，而其他人——多半也包括她的丈夫——都无法领会。事实上，就连"收信人"也看不懂，但拜伦认为，她会"猜到"这是一封情书。这本书起到了辅助记忆的作用，在特蕾莎不在时，勾起了拜伦对她的情思，而后又变成媒人，为这对恋人传递信息。这本书集英语与意大利语、私人与公开、正当与非正当的交流于一身，将分隔两地的恋人联系在了一起。通过在特蕾莎的书上留言，拜伦彰显了他对这本书的所有权，延伸开去，也包括对她的所有权。这本书现在也是他的了，一如她也属于他。虽然这本书可能和其他数不胜数的《科琳娜》别无二致，但拜伦的题词使它变得与众不同，成了对一个特定的下午、一处静谧的所在和一段激情的爱恋的纪念。

我送给妻子的第一份礼物是一本拜伦勋爵的诗集——我当时正在写关于拜伦的博士论文，想与她分享我对拜伦诗作的热爱。说实话，我不知道她是否真的读过那本书，但它至今仍在我们的书架上。继第一份礼物后，此去数年，我们又互相赠送过许多其他书。其中一些是生日、纪念日或圣诞节的礼物。还有一些是我们自己读过后又转赠给对方的。有些书我们知道对方会喜欢，但自己不怎么喜欢。还有些书我们自己很喜欢，也希望对方能够喜欢。我妻子买了Kindle电子阅读器后造成的一个变化是，我不能再一目了然地看到家里放了什么书，而必须问她最近在读什么书。在十多年的婚姻中，以书为礼互收互送始终是我们共同成长、探索彼此之间的差异（"我不敢相信你居然不喜欢那本书"），并通过一本本书拉近双方感情的一种方式。我们并未像保罗和弗兰齐斯嘉那样因为一本书而坠入爱河，但书亦是我们爱情的重要组成部分。

※

像这样使用一本书，并不一定非得出于喜欢或欣赏。诗人菲利普·拉金和他的爱人莫妮卡·琼斯（Monica Jones）曾共读一本艾丽丝·默多克（Iris Murdoch）的小说《逃离巫师》（*The Flight from the Enchanter*），并系统地篡改了原作。几年间，这本书在两人之间来回传递，他们在自己觉得带有性暗示的词句下面画线，即便原句并没有那个意思，譬如，"今天似乎尤为难挨（坚挺）"①。他们从头至尾修改了全文，把它变成了一部三百页的长篇小说，充满了幼稚的污言秽语和下流的性幽默。没有一页逃过他们的涂改。"她张开了嘴"变成了"她张开了腿"，诸如此类。就连章节名和书前面列出的作者的其他著作列表都未能幸免。改写后的小说被重新命名为《非巫师的瞎胡扯》（*The Shite from the Non-Enchanter*）。借由这种奇特的篡改，这本书变成了一个共同的秘密、一处发泄情绪的地方、一种将这对恋人凝聚在一起的方式，他们都厌恶默多克的文章，并合力对其进行嘲讽。"尽管这些改动既粗俗又愚蠢，"拉金的传记作者安德鲁·莫森（Andrew Motion）写道，"但两人的这种合谋却动人心弦。"[7]糟蹋这本书是拉近两人关系的另一种方式。

不过，或许我该稍微提一下，像这样分享一本书未必能收获一个圆满的结局。一起读书的情侣并不一

---

① 原文为 "Today it seemed likely to be especially hard"。——译者注

定会一直在一起。伦敦的大英图书馆收藏着一本曾属于安妮·博林（Anne Boleyn）的时祷书，该书大约制作于1500年。安妮在其中一页下面写道："Be daly prove you shalle me fynde to be to you bothe lovynge and kynde."（"你会在日复一日的生活中，见证我对你的深情与柔情。"）在这本书靠后的位置，她的丈夫亨利八世（用法语）写道："如果你像我深深地爱慕你那样，在每日的祈祷中铭记我的爱，我就将永存你心，因为我是你的。你永远的亨利。"[8] 这一感人肺腑的爱之誓言就写在安妮日日捧在手中的书的空白处，最终却被证明远不如写字的那张羊皮纸有价值。他们的婚姻只持续了三年，亨利便以叛国罪逮捕了安妮，并将其斩首。

书既然能让我们走到一起，也就能将我们分隔开来。在公交车或咖啡厅里拿出一本小说，就是在清楚地表明你不希望有人跟你搭讪。即便我们与其他家庭成员共处一室，书也能为我们竖起屏障，在公共的家庭区域里创造一个私密的小空间。当你的伴侣正在床上阅读一本谋杀悬疑小说的最后几页时，不要妄图靠过去偎着对方。就算是最殷勤的恋人也不如找出真凶有趣。一如彼此分享和交换书籍能让一段关系开花结果一般，借书不还、送出去的书对方翻都不翻、一人喜欢而一人讨厌的书也能让一段关系枯萎凋零。菲利普·拉金曾借了一部他最喜欢的小说——克里斯托弗·伊舍伍德（Christopher Isherwood）的《一切共谋》（*All the Conspirators*）——给金斯利·艾米斯①（Kingsley Amis），艾米斯却久久未能归还，两人的关系弄得很僵。拉金先是在信中附上了一串粗鄙的大写字母（"把《一切共谋》给我寄回来，你个蛋疼的家伙"），然后"义正词严"地告诉艾米斯："那本书我非常珍惜，平均每个月都要读一次。拜你所赐，我已经有将近五个月没有见到它了。给我还回来！！听明白了吗？" 9

※

由书所促成的人际关系未必全是快乐的。贵重的善本可能引发藏书家之间的激烈竞争。瓦尔特·本

---

① 英国小说家、诗人、评论家。他一生写了二十多部小说，代表作是 1954 年出版的《幸运的吉姆》，该书为"愤怒青年派"小说代表作之一。——编者注

雅明（Walter Benjamin）是一位狂热的藏书家，曾描绘过在拍卖会上竞拍书籍的兴奋之情。他回忆说，有一次，另一名竞拍者似乎决意要在他有意入手的每一件拍品上与他竞价。那位神秘的绅士显然准备不惜一切代价压过本雅明的出价，抬高书的成交价。他们之间的竞争似乎要斗到双双破产才算完。本雅明开始认命，预备两手空空地离开拍卖会，但还有一本等待拍卖的书他非常想要。拍卖师宣布开始拍卖那本书时，本雅明突然灵光一闪。要是但凡他出价便会惹得那人竞价的话，那他就索性不出价。他袖手旁观，祈祷没人想买这本他垂涎已久的书。他赌赢了：无人竞标，书流拍了。几天后，本雅明重返拍卖行从二手卖场买下了这本书，价钱较之前拍卖会上的价格而言不过九牛一毛。[10]

本雅明遇到的对手不知是何方神圣，他并不认识对方。但竞争也可能带来持久的关系。身为藏书家兼作家的托马斯·迪布丁（Thomas Dibdin）在他于1809年出版的《藏书癖》（Bibliomania）一书中，将罗克斯堡第三公爵约翰·克尔（John Ker）的藏书室描述得令人心驰神往。其中最重磅的藏品当数薄伽丘

（Boccaccio）的首版《十日谈》（*Decameron*），时人认为那是唯一留存下来的绝本。1812年拍卖罗克斯堡的藏书时，英国所有数得上名号的藏书家均满怀期待地出席了拍卖会。那本《十日谈》掀起了一场竞价大战，最终以2260英镑成交——创下了未来五十年都无法超越的最高成交纪录。迪布丁在拍卖会前夕为前来竞拍的人举办了一场晚宴，这场宴会成了创立罗克斯堡俱乐部（Roxburghe Club）——历史最悠久、最著名的藏书家协会——的契机。很快，与罗克斯堡俱乐部类似的社团相继涌现，如1823年在爱丁堡创立的巴兰坦俱乐部（Ballantyne Club）。在这些俱乐部里，书将特定阶层的人聚集在了一起。

像保罗和弗兰齐斯嘉、约翰·济慈和芬妮·勃劳恩那样共读一本书，只是以书为媒介拉近关系的一种方式而已。正如迪布丁所理解的那样，书的社交性有多种表现形式。购买、持有和收藏书籍都能创建并维系社会关系。过去几年间，我去过许多不同城镇的书展，二手书商和古董书商在那里齐聚一堂，展示他们的书。现如今，书商都把他们的库存挂在网上，所以你大可不必亲自前往书展淘书。但逛书展毕竟有逛书展的乐趣。每次逛书展无不让我感到惊奇的是，现场真正成交的买卖其实很少，反而促成了其他很多事。许久未见的书商们互相交换资讯，闲聊谁又买了或卖了什么书，彼此炫耀各自最近的斩获，对图书交易的总体行情表示担忧；业内老手给年轻的菜鸟提出建议。书商和藏家像老友一样互相问候（他们往往也确实是朋友），将对方引荐给还不相识的人。一起逛书展的消费者争相指给对方看自己在摊位上发现的东西——哪怕他们无意购买。买卖交易几乎成了社交活动的附属品——或者说，社交活动所维系的人际关系才是买卖交易的根基所在，没有这些关系，生意是做不成的。

※

像巴兰坦和罗克斯堡这样的俱乐部是为富有的藏书家创立的——虽然其中有些藏书家走出罗克斯堡拍卖会时，已远不似刚踏进来时那么富有了。但不太富裕的人群也可以通过其他形式以书会友。若是经济上负担不起、收入不高的人，可以凑钱购买一本书，互相传阅。几年前，我受邀参加布里斯托尔友好读书会（Bristol Friendly Reading Society）的年度晚宴，该协会也是历史最为悠久的读书俱乐部之一，成立于1799年，时至今日仍在不断发展壮大。协会成员将他们的藏书集中起来，在成员之间传阅，一旦有多名成员碰巧阅读了同一本书后，就会聚在一起讨论一二。和许多这样的俱乐部类似，起初这个协会中是清一色的男性，始创成员们似是乐于制定规则和章程，选举协会秘书和会计，并对违规行为处以罚款。

18世纪30年代，年轻的本杰明·富兰克林在费城协助创建了一个类似的组织。[11]决心勤俭度日的富兰克林常发现自己没有余钱买书，而费城没有什么像样的出版商，他想要的许多书都不得不从英国进口，价格非常昂贵。富兰克林和其他一些有志青年共同成立了一个研讨小组，自称"共读社"（the Junto book club）。他们都没什么藏书，于是决定把大家的书集中起来。他们把这些书放在租来开会的屋子的书架上，每名成员一次可以带一本回去阅读。通过这种方式，他们每个人接触到的书都远比他们个人的藏书多得多。在分享这些书的同时，他们也加深了对彼此的了解。

久而久之，富兰克林构思了一个新计划，想招募更多读者，让他们缴纳会费，从而购买更多书。这从根本上改变了俱乐部的性质。他们不再是一群互相借阅书籍的朋友，而是一群购买公共书籍的订购用户。依照这个新计划，富兰克林开始认为读书俱乐部不仅能够帮助他和他那些人穷志不短的朋友，还可以造福更多人。他将他的计划公之于众后，协助创立了费城公共图书馆。在富兰克林看来，读书俱乐部不仅是方便社交生活或自我提升的平台，更是普通公民团结起来谋求公共利益的典范，以及新兴美国所需要的那种机构的典范。

※

本杰明·富兰克林曾于1759年和1771年两次造访爱丁堡。由于去的时机稍晚，他无缘得见另一个读书会——美丽的知识分子俱乐部（Fair Intellectual Club）——的成员。这个团体成立于1717年，不过大多数创始成员在富兰克林抵达爱丁堡时可能仍住在当地。富兰克林自己的读书俱乐部"共读社"只面向男性，而美丽的知识分子俱乐部，顾名思义，成员是清一色的年轻女性。若富兰克林有幸遇见这些女性，我想他们肯定会一见如故，因为这个俱乐部的成员都与他年纪相仿，而且和他一样致力于提升自己的见识和德行。但很可能并没有人向富兰克林提起过这个俱乐部，因为这个俱乐部的存在——至少在一开始——是一个需要严格保守的秘密。

美丽的知识分子俱乐部的第一条规定便是你不能跟人说起它。成员承诺"在未征得整个俱乐部同意的情况下，不得直接或间接地透露或公布成员的姓名或俱乐部的性质"。[12]成员限定为年龄在十五（她们接受完正式教育的年龄）至二十岁之间的九名年轻女性，也就是缪斯女神的数量。俱乐部规定成员结婚后必须退社。她们制订阅读清单，然后聚在一起互相品读她们基于自己的阅读所写的题材各异的"长篇大论"。年轻女性用这种方式——脱离男性的监管——将教育掌控在自己手中，这足以震惊世人，有必要保密。尽管学者尽了最大努力，这些爱读书的少女的身份迄今仍是个谜。

不过有人未能保守秘密。其中一名成员向一位男性友人透露了俱乐部的存在，令俱乐部面临曝光的危险。与其透过他人之口暴露在公众面前，不如放弃。那些美丽的知识分子决心不再读书，转而开始写书。最终她们以书信的形式将《爱丁堡美丽的知识分子俱乐部记事》（*An Account of the Fair Intellectual Club in Edinburgh*）寄给了与之分庭抗礼的一个男性俱乐部——雅典学会。《爱丁堡美丽的知识分子俱乐部记事》中讲述了一个以共同进步为动力、以阅读品位为枢纽的友情故事。它揭示出了一群年轻女性敏锐地意识到，受累于"我们的言论缺乏主次和条理"，"我们的性别普遍……处于劣势"。她们颠覆性地决定靠读书和互相探讨来弥补这些不足。萨瑟兰夫妇和其他格兰杰式插图家聚在一起改造他们的书，而美丽的知识分子俱乐部成员则聚在一起用书改造自己。

※

如今，我九岁的女儿似乎也开始成为一名美丽的知识分子了。她和她的朋友创立了自己的读书俱乐部，名为"埋首书堆"。一如18世纪的前辈那样，她们也认为自己书架上的书不足以满足她们的阅读需求。她们也发现如果互相借阅对方的书，就能源源不断地读到新书。鉴于她们买书的零花钱有限，圣诞节和生日又说不准能收到什么礼物，她们决定集中各自手上的资源。她们不似美丽的知识分子俱乐部中的少女那般高雅——她们喜欢的主要是《哈利·波特》和《驯龙高手》，暂时也还没有聚在一起品读对方"长篇大论"的迹象，但她们证明了有书的地方迟早会有读书俱乐部。

她们的俱乐部还涉及一些书面手续。如果你想加入，得手写一份申请表，然后你会得到一张手工制作的图书卡，表明你已经是俱乐部的成员。图书卡是用彩色铅笔在我妻子以前的旧名片背面绘制而成的。"埋首书堆"目前共有五名成员。她们每个人都要在一个笔记本上签下自己的借阅记录，但据我所知，那些记录似是记得有些随意。借阅期限取决于你觉得自己读完这本书要多久，这似乎是个明智的策略，但愿能为更多图书馆所采纳。书可以续借，但要是逾期未还，就得送些巧克力给书主以代替罚金。

这群九岁的孩子似乎抓住了书在社交性方面的许多基本特点。她们明白书可以将人们联系起来，分享书能加深现有的友谊。她们知道阅读群体通常存在性别差异（她们的俱乐部里没有男孩），不同的性别会产生各自的一套规则和条例（这才有了那些申请表和会员卡）。她们还意识到，与人分享书有时更能增进书所带来的独处之乐。

※

毫无疑问，我女儿和她的朋友并非是受18世纪一个鲜为人知的读书俱乐部的启发，而是受她们的父母所参加的一些现代俱乐部的启发。据最新一项统计显示，单是英国就有5万人加入了读书会。那些俱乐部的活动通常只是一群朋友（一般是中产阶层）在彼此家中聚会，一起喝喝酒、聊聊书。女性似乎比较热衷于读书俱乐部，珍妮·哈特利（Jenny Hartley）和萨拉·特维（Sarah Turvey）在1999年针对英国读书会所做的调查证实了这一点：她们调查的读书会中有69%都是纯女性的读书会，只有4%的读书会是纯男性的。[13]即便是男女皆有的读书会，也常是女性成员占大多数。一方面，这些读书会为缺少男性读者而感到惋惜；另一方面，他们也表示力图吸引男性加入的做法收效甚微。男性似乎并不爱以这样的方式谈论书籍。如果说读书俱乐部大多是女性的天下的话，部分原因可能在于那里推崇的谈话方式与我们通常所认为的女性的谈话方式不谋而合：无竞争性、无对抗性、友好、松散、协作互补。读书俱乐部里的探讨，注重过程而非结果：其目的并不是说服他人改变想法，甚至也谈不上达成共识，只是单纯地倾听和尊重不同的观点。起码就这方面而言，读书俱乐部塑造的这种话语模式，往往正是公共生活中非常缺乏的。

书让志趣相投的俱乐部成员走到一起，建立起可以使关系持续数年的相处模式和惯例。不过读书俱乐部也常常牵扯到普遍的文化趋势。在哈特利和特维的调查中，一些读书会会参考报纸、电视或电台读书俱乐部的推荐书目。这就省去了他们自行选择下一本该读什么书的麻烦，确保即使每个人都不喜欢那本书，也怪不了谁。但就算是那些自行选择书目的读书会，也时常想读一些大家都在读的"热门"书刊。他们选择阅读那些获过奖或备受媒体瞩目的小说，希望这些书不仅能将他们与读书会中的其他成员联系在一起，还能让他们和国内外的其他阅读群体建立起虚拟关系。

各路出版商、营销人员、报刊编辑、电台和电视制作人都试图从这一现象中获利。美国的《奥普拉读书俱乐部》[①]在全盛期每个月能收获50万观众，推销出了价值近1.75亿美元的书。在英国，电视节目《理查德和朱迪书友会》、伦敦第四电台由詹姆斯·诺蒂主持的《读书俱乐部》和《星期日邮报》旗下的《你》杂志读书俱乐部都始创于20世纪90年代，极大地带动了他们所介绍的书的销量。还有许多选在书店办集会的读书俱乐部，都是这种现象在当地的体现。但这类俱乐部所具有的明显的商业优势，无法解释为何英、美两国涌现出了大量非正式的俱乐部。它们没有固定纲领，也不收取会费。它们展现的是书的凝聚力。

故而，书为我们做的其中一件事就是帮助我们在群聚和独处之间来回切换。通常，我们读到一本好书时，第一个念头就是将这本书的精彩之处告诉其他人，让他们也来读一读，让这种认知、这种体验感染

---

① 美国的一档脱口秀节目，主要向观众介绍主持人奥普拉·温弗瑞挑选的书。——译者注

更多相熟的人。我们不再想和这本书独处，转而开始想和读过这本书的其他人聚在一起。不过这种分享其实是一种有些奇特的交流。读书俱乐部让人们聚在一起，讲述每个人独有的体验。

※

因书结缘的关系开始得早而持续得久，也不会因死亡而终止。书将我们与逝者联系在一起。我读的许多诗歌、戏剧和小说的作者如今都已离世，我所体验的当然只能是这些作品的新版本。然而，我拥有的一些书也曾属于已故之人。书本身的经久耐用足以使其存在的时间超越创造它的那一代人，成为装着过去阅读记忆的时间胶囊。二手书或古董书里经常写有之前书主的名字；有些书里还有正式的图章或藏书票，能够表明持有者的身份，或是有旁注能够显示出他们对书的使用方式。这些印迹可以开启一条通往死者国度的路。

现在我眼前就有一本 1898 年在伦敦出版的书，是我从萨默塞特的一个二手书商那儿买来的。倒不是什么特别贵重或稀奇的书，但书上确实留有一些它以前的生活印迹，还有过去书主的生活印迹。封面内页（也就是书志学家所说的"前衬页"）有两张标签，一张标签写着"威斯顿旧教区"，另一张写着"罗伯特·布斯收藏"。第二张标签看着要比第一张新一些，第一张已经旧得褪了色，但都无从判断究竟是谁于何时在书里贴上了这些标签。我从没听说过罗伯特·布斯这个人。他住在威斯顿旧教区吗？（如果是的话，为什么要贴两张标签？）还是说，他买了教区居民卖掉的二手书？

我可以想象这本书在一百二十年里辗转多少人的手。也许最初是住在旧教区的某个人买下了它，放在自己的藏书室里。（不管是谁，反正肯定不是教区长本人，否则就不会说是"旧"教区了。）也许旧教区里的那批藏书在其主人去世后就被零散出售了，而这本书便被罗伯特·布斯买走了。也许布斯的藏书在他去世后也被变卖了，卖给我这本书的书商买走了其中一部分。更有可能的情况是，这条关系链上还有其他一些枝节，那些人拥有过这本书，却并未在书里留下标签或题词以示记录。我对那些人一无所知，但因为他们在书里留下了痕迹，旧教区那位不具名的书主和无人知晓的罗伯特·布斯至今仍在我的书架间徘徊。

他们并不孤单，还有其他幽魂也在我的书柜周围盘桓。我并未从我的父母或祖父母那里继承任何书——他们没有藏书可以留给我。但我知道有些人的书架上堆满了他们深爱的亲人留下的书。他们通常不怎么读那些书——或许是不像母亲那样喜欢言情小说，也不像父亲那样对地方史感兴趣，但他们也很难割舍那些书。它们是我们与故去的亲友之间的联结。

当然，从某种意义上说，我们继承的任何遗产都是如此。珠宝或家具也是异曲同工的。但继承下来的书带有更多信息——留有某人对这些书心怀好奇、饶有兴趣或为之倾倒的印迹，他/她曾阅读并吸收书中的思想，珍视这些书，一直将其保存至生命的尽头。这些书清楚地显现出过去书主所具有的意识，也显现出他们的意识如今已消失的事实。我们永远无法亲口问他们对这本书有何感想，无法跟他们说如果他们喜欢这本书的话，多半还会喜欢我们如今正在看的另一本书。逝者的书让我们能够与书主生前阅读这些书的岁月产生一种有形的联结，同时也提醒我们那些岁月已然逝去。

　　独自阅读一本书时，你并非真的孤单一人。这不仅是因为书中人物在你的想象中栩栩如生，作者的声音在你的脑海中久久回荡；还因为书能让你想起你与他人的关系——向你推荐这本书的人、送你这本书的人、已经读过这本书的人。此外，书还会创造新的人际关系——你预备和他探讨这本书的人、你要送这本书给他的人。我们在书里遇到的人可能是我们非常亲近的人，也可能是我们除了知道对方曾拥有或读过这本书以外便一无所知的人。但每本书都是一处潜在的聚会场所、一个古希腊的集市广场，乃至一座陵墓。

幕间休息

凡·高：《静物：打开的〈圣经〉》

(Vincent van Gogh, *Still Life with Bible*, 1885)

　　为悼念父亲的离世，文森特·凡·高想画一幅画，他希望这幅画既能寄托他的哀思，又不致粉饰他们之间的嫌隙。他动用了画笔，也动用了家里的书架。其成果是1885年的一幅静物画，画中两本截然不同的书代表着两个截然不同的人。凡·高的父亲是新教的牧师，他的《圣经》占据着画面的主要位置。这本翻开的大部头有种沉甸甸的权威感，以暗淡的灰色、棕色和浑浊的白色绘制而成。书页上的文本笔触混沌，难以辨认。这本书在一片漆黑的背景中显得影影绰绰，看上去笨重、冗长、毫无生气。

我们无从阅读这本打开的书，这可能意味着它无法告诉我们什么有用的东西，或是它无法给画家的悲伤提供丝毫安慰。但不同寻常的是，凡·高在书页顶端留下了一个清晰的标题，表明这本《圣经》翻到了《以赛亚书》的第53章。凡·高隐晦地将其中的描述应用到了父亲身上。我们并不清楚是否该将这理解为对其父的死后评判——凡·高借父亲《圣经》中的一言，说出了他给父亲的最后一句话；或是该理解为一个孝顺的儿子的忏悔，他太晚才意识到自己从未正确理解父亲。

在画面右下角靠近构图前方的位置，还放着另一本书。显然是文森特所有。那是一本用黄纸包夹的廉价小说，书角卷了起来，被翻得很旧了。书主并未将书页装订成册，可能是他无力负担，可能是他不愿这本书离开他太长时间，也可能是他根本不在乎外观。在包书纸的正面可以看到书名，是爱弥尔·左拉（Émile

Zola）的当代现实主义小说《生之喜悦》（*La Joie de Vivre*）。这本书隐喻着文森特和父亲之间的一切差异。它时新，一年前才刚刚出版；它通俗、粗犷而露骨；它是法语书，反映了文森特在巴黎的生活经历和他对那座被誉为艺术文化中心的城市的眷恋；它便宜，纵是这个尚未卖出（也永远不会卖出）任何画作的任意妄为的儿子也买得起；它不冠冕堂皇，流露出对生活阴暗面的好奇心。"左拉在《生之喜悦》中，"凡·高在给妹妹威勒米恩（Willemien）的一封信里写道，"描绘了我们所感受到的那种生活，满足了我们渴望有人告诉我们真相的需求。"[1]

　　这两本书的画法体现出了父子之间的差距。画中的《圣经》混合了如污泥般的棕、灰两色，几乎要融进黑色背景中；那本小说却因大胆采用了柠檬黄而脱颖而出——凡·高在那个时期很少使用这种颜色，他当时的调色板以大地色系为主，还没有开始尝试他在后期绘画中使用的明亮色调。前景中的这抹亮色点亮了整幅画。构图中另一处可能发光的地方——《圣经》旁的烛台——已然熄灭，这是传统意义上消亡的象征。但那本小说似乎自己就能发光。

凡·高在画中用书作为身份的标志。对哪类书投入感情——购买、反复阅读、随身携带——就表明你是哪类人。对凡·高的父亲来说，《圣经》是他以牧师为天职、以基督为信仰、以新教徒为文化身份的标志。它提供了一份人生指南，一扇踏上灵魂之旅的大门，一种遵照诵经计划度日的方式，等等。它不仅是一本私人的书，也是一本供公众使用的书，是道德高尚的象征。至于他那离经叛道的儿子，代表他的那本黄色的小说则标志着一种截然不同的身份：那是种现代的、放荡不羁的、四海为家的姿态，信仰文学与艺术，而非宗教，与他父亲那一代资产阶级的虔诚背道而驰。画中并排放置的两本书，象征着两位书主之间的差异。然而，重逾千钧的《圣经》远非那本零散且卷了角的小说能够比拟，喻示着凡·高尚未从父亲的影响中走出。

05

书 / 人生

从童年到暮年（乃至死后），
书如何与我们的人生交织在一起

至少对有些人来说，他们小小年纪——通常是坐在父母膝头的时候——便与书结缘。那种温暖、亲密无间，还有睡前听故事听得昏昏欲睡的安适，是很多人的童年回忆。起初，书里无疑没有几个字，我们一口气就读完了，然后我们又从头读起。许多孩子日复一日地索要同一本书，不仅是与书中的故事，更是与书本身建立起了亲密关系。和心爱的玩具一样，书也是孩子依恋的对象。书角上的牙印就是爱的记号。随着书里的故事变得越来越长，读完一本书先是需要好几个晚上，后来是需要持续好几个星期，书慢慢变成了密友，变成了一生的伙伴。我仍记得我们第一次给女儿朗读一本分了章节的书时，她惊叹不已，意识到这个故事不可能在一夜之间读完，第二天还要我们把这本书拿出来。

童书的外观通常都做得很华丽。那些专为最年幼的听众——我们还无法称他们为读者——设计的书配有可以触摸的布料、不同质地的纸张和发声装置。所有这些设计都是为了吸引低龄儿童的注意，他们通常对这样的书抱有极大的热情：触摸书的材质、抓揉布样、咀嚼书页。从很久以前开始，童书就一直在尝试改变书的形态：18世纪的童书就已经大量使用折页、转盘（可旋转的纸盘）、立体图片和可移动机关了。有些书还附赠免费礼物或周边产品，好比约翰·纽伯里（John Newbery）于1770年出版的《美丽小书》（*A Pretty Little Pocket Book*）就附赠"一个球和一个针插，这两样东西一定能让汤米成为一个好男孩，让波莉成为一个好女孩"。关于童书，我们往往很难判断这种营销宣传针对的是孩子还是父母，但不管怎样，我们都能从中看出童书始终致力于充分利用书的物性。

回想一下，有一本书故事简单而又极其巧妙地利用了书的实体：艾瑞·卡尔（Eric Carle）的《好饿的毛毛虫》（*The Very Hungry Caterpillar*）。[1]这只勇敢的小毛毛虫津津有味地啃着一页页的蔬菜水果，所过之处都留下了一个洞。书页上那些实实在在的洞，显示出了它的行动轨迹。自1969年首次出版以来，《好饿的毛毛虫》已经出版了许多不同版本：采用不同的印刷尺寸、不同类型的纸板或纸张、不同的装帧方式。但每一版书都必定具备一些相同的物理元素，譬如书页要经过裁剪和钻孔，以充分体现卡尔的构想。《好饿的毛毛虫》不单是一个由文字构成的故事，也不单是一系列的插图，甚而也不仅仅是一个配有插图的故事。它是一件集文字、插图和书籍设计为一体的综合性艺术品。小毛毛虫的这个故事无法脱离这本书单独讲述。

早在我们着迷于书是信息的载体、娱乐的媒介和可以用来出人头地的工具之前，我们就被作为物品的书深深吸引了，这在一定程度上要归功于童书的物理特性。吸引孩子注意的不仅是那些花里胡哨的小玩意儿，书本身似乎就有一些迷人之处。1902年，伊迪丝·内斯比特（Edith Nesbit）将她的经典童书《五个孩子和一个怪物》（*Five Children and It*）献给了五个孩子中最小的约翰。[2]她并不在意他年纪尚小，还读不懂这本书。"我的小宝贝，你是初生牛犊，／还不会阅读，"她提笔写道。这不算什么——她知道总有一天他能学着理解这个故事。但她也知道，孩子在还读不懂书的时候就已经爱上书了。即便他读不懂她写的故事，也很爱摆弄出现在眼前的书。"但从没有一本书承受得了／你那双小肉手的火急火燎，"她继续写道。他对书的热情来源于迫切地想将书这一物品据为己有，而令伊迪丝遗憾的是，这种热情通常都以毁掉他所渴望的东西而告终。"所以，虽然这本书是给你的，／还是先让妈妈把它放在书架上／直到你能看懂的那天。"她的献词到此结束。[3]

※

即使从没有谁像伊迪丝献给小约翰那样将一本书献给你，你也可能收到过书或送过书给别人。不过，送书要慎重。如果你选的书对方一看书名就不感兴趣，可能会暴露出你对对方的喜好知之甚少。在中国，有些老人认为送书不吉利，因为"书"和"输"同音。但对大多数人来说，书是不错的礼物。我们经常在重大的日子互相赠予书籍，以此纪念值得记住的生活事件。好比成年的日子，如十八岁生日（以前是二十一岁生日）等；重要的宗教仪式，如坚信礼、初领圣体、犹太男孩或女孩的受诫礼等；各个教育阶段，如上高中、上大学等——这些事全都可以靠互相赠予书籍留下纪念。有时候，书会在这些事件中挑大梁，譬如在受诫礼中，受诫的少男少女必须诵读《摩西五经》经卷，或是转学时通常要购买新教材。婚礼一般不会用书作纪念，但也不尽然——我和妻子结婚时，牧师将他宣读的写有仪典安排的那本手册送给了我们。逝者家属有时会收到悼念簿，里面满是对他们所爱之人的回忆。人生的许多重要时刻，书都相伴我们左右。

社会学家刘易斯·海德（Lewis Hyde）将这种赠书称为"界限礼"。[4] 这类礼物标志着我们从一个阶段抵达了另一个阶段，从一种状态进入了另一种状态。这种礼物通常是在仪式上被赠予的，它们既可以是确保安全跨越界限的方式，也可以是证明已经越过了界限的标志，还可以是对这段经历的纪念。在童年与青春、单身与结婚、学徒与出师，还有生与死的界限上，书都守候着我们。古埃及人用《亡灵书》（*The Book of the Dead*）给法老陪葬，那是一本讲解来世的指导手册，旨在确保亡者安全渡过生与死的边界。在17世纪和比17世纪稍早一些的时期，人们通常会阅读杰瑞米·泰勒（Jeremy Taylor）的《圣洁的死亡》（*The Rules and Exercises of Holy Dying*）来为自己的死亡做准备。

书记录着人一生的里程碑。起码在19世纪以前，整个西方的人都会在家族代代相传的《圣经》中记录家人的出生、结婚和死亡。这种在《圣经》的环衬页上写下名字和日期的做法，使得这本现存的书变得像天堂里职掌记录的天使所保管的那本书一样。家里的人在翻开这本《圣经》阅读《玛拉基书》时，更深切地体会到神的面前有一本"纪念册"。将家中新生儿的名字写入《圣经》，能使人坚信这一幼小而脆弱的生命将得到上天仁慈的庇护；而写下家人的忌日，凸显的则是一种抚慰人心的信念。

※

我们开始上学后，书就成了学习的必需品。但学校在书上投入的资金和赋予书的声望，通常都远远超出书的教学用途。从19世纪到20世纪，英、美的学校——还有许多主日学校①——都以书为奖励，表彰品学兼优者。《汤姆·索亚历险记》中有个家喻户晓的情节，马克·吐温讲述了汤姆耍小聪明获得了主日学校颁发的一件令人梦寐以求的奖品：一本需要靠背诵经文换取的《圣经》。古灵精怪的淘气鬼汤姆，实际上根本没背过那些经文。他用一些小玩意儿跟其

---

① 亦称"星期日学校"。基督教新教仿照学校方式在星期日开设的一种儿童宗教班。——编者注

他孩子交换他们背诵得来的奖券，就这样攒够了兑奖所需的所有奖券。汤姆虽没有"死记硬背"的才能，却渴望享受拿到那本书的荣誉。当然，汤姆的下场很惨，他在全班同学和前来颁发《圣经》的贵胄面前暴露了自己的无知。但这一幕提醒了我们，书是可以被赋予声望的物品，也可以反过来赋予持有者声望。

进入20世纪后，寻常学校和主日学校开始大肆利用书的这种力量。出版商制作了专门销售给学校用作奖品的书。这些书的前面通常附一页赠予页，整页留白用以填写获奖人的姓名和获奖缘由。这些书塑造了购买者和接受者的某些行为。它们之所以备受重视，不仅在于其内容所具有的教育价值或娱乐价值，更在于它们是取得成就的标志。在为选定的个体授予荣誉的仪式中，这些书是杰出的标志。

以前在我的学校，学生、老师和家长每年都要聚在礼堂参加学校的演讲日活动。在我的记忆中，那一天的演讲倒是屈居次位的，书才是必不可少的。活动前几周，各科的优等生就会收到购书券，学校让他们去买一本书交到办公室来。学校助理会在办公室里给每本书贴上一张藏书票，上面写着奖项的获得者及其获奖原因。演讲日当天，礼台后面桌子上的书堆得老高，学生一个接一个地走上台来，从受邀前来颁奖的一些本地的小名流手中接过他们的书。毋庸置疑，类似的场景也在其他许多学校里上演了很多年。整个演讲日活动就是一场收集、标记，然后隆重地重新分发图书的仪式。之后本地的名流会发表演讲，但对我们这些小学生来说，发书才是重头戏。

爱表现的学生会把购书券花在有教育意义的文学作品上，意在给老师留下好印象。那些没想到自己会获奖的学生则会选《比诺年刊》①（*Beano Annual*）之类的书。还总有少数学生迟迟没能花掉自己的购书券。为了让整个流程顺利进行，学校助理会在当天从学校图书馆里随便拿一本书，好让本地名流颁发给那些拖拖拉拉的学生。这还造成了一些尴尬的场面。我的朋友一边和本地名流握手，一边伸手去接奖品，结果收到了一本关于蒸汽火车的书，而她见都没见过蒸汽火车。"啊，你喜欢蒸汽火车呀，"本地的名流说，"我自己也对蒸汽火车非常感兴趣。""真的吗？"朋

---

① 始创于 1939 年的英国儿童漫画年刊，创造了众多妇孺皆知的卡通人物。——译者注

友说着，趁他还没来得及和她细说自己的爱好，赶紧从礼台另一侧溜了下来。朋友侥幸脱身，但她必须拿到一本书——什么书都行——的事实说明，书这一物品在那一天有多么关键，而书的内容对整个流程来说又是多么无足轻重。

※

书不仅出现在我们人生的重要时刻，还可以预见这些重要时刻的结果。向书寻求解答、用书占卜或算命的传统由来已久。对此有个专门的术语，叫作翻书占卜术。想知道你会和谁结婚？你能不能得到那份工作？现在适不适合卖房子？随便翻到书的某一页，不要看，把你的手指放在摊开的那一页上。答案就在你用手指着的地方。这种占卜术只能使用翻页书——泥板书、卷轴、电子书或有声书都不行。它利用了翻页书能够任意翻看（从任一地方读起）和提供线性阅读（从头读到尾）的特点。当然，你可能需要自行解释随机选中的段落，所以设法将选中的段落套用在自己身上，得出你一直想知道的答案，也是其中的乐趣之一。

不是随便哪本书都可以用来自主占卜。譬如，我就不推荐你用我写的这本。必须得是一本充满智慧或能量的书才行，若原本就带有预言性质便再好不过。可见这其间存在一种奇怪的错位，书中作品的洞见和启示被转移到了书这一物品上。中国的《易经》包含古老的卦辞，可以用于预测未来或左右决断。在西方，人们最爱用维吉尔的拉丁史诗《埃涅阿斯纪》占卜，俗称"维吉尔卦"（或"维吉尔签"）。哈德良显然也卜过一卦：他选中的诗行（按他自己的解释）预言他将成为罗马的皇帝。现代人求之于维吉尔的占卜能力更多只是图个好玩，不是什么正儿八经的仪式。但要是结果不如意，可能让人心生不安。1639年，查理一世在牛津大学的图书馆里试了试维吉尔卦。他选中了狄朵诅咒埃涅阿斯的诗行，说他将被"他的臣民驱逐"，继而"早早命丧敌人之手"。十年后，查理一世遭到废黜并被处决，这本书似是异常准确地预言了他的倒台。

久而久之，有人试图用《圣经》代替《埃涅阿斯纪》，让这种卜卦与基督教联系在一起。"维吉尔卦"变成了"圣徒卦"。在托马斯·哈代的小说《远离尘器》中，女主人公芭斯谢芭·埃弗登和她的女仆莉娣就玩了一种圣徒卦，占卜芭斯谢芭将会嫁给谁。哈代将之描述为一种民间信仰，莉娣不谙世事也没受过教育，在百无聊赖之际，提议借此找点乐子。但哈代有意没有透露她们是否卜出了答案。芭斯谢芭会嫁给谁，这个问题是推动剧情发展的一大主要因素。所以，阅读《远离尘嚣》，在某种意义上也是在进行一种翻书占卜。哈代仿佛在说，芭斯谢芭的卜卦无法告诉你她会嫁给谁，但继续读下去，我的小说会告诉你。

※

对那些以写书谋生的人来说，书与人生之间的联系尤为深厚。"在获取书籍的各种方式中，"瓦尔特·本雅明话锋一转，"自己写书是最为人称道的。"[6]对作者来说，自己的作品终于成书的那一刻尤为欣慰。一部作品在作者的脑海中、在他们的笔记本上或电脑硬盘里酝酿沉积了那么久，经过了那么多次的重写和推敲，承载着那么多的努力和不确定，终于有了实体。它变成了一件物品，实实在在的。我非常清楚地记得每次从出版商那儿收到自己的首版样书时的那种激动，还有拆开一小摞一模一样的印本时的那种兴奋。这件物品——出版的书——的问世在某种意义上将作者变成了另一个人。倒不是说优秀的作者一定有作品出版，或是优秀的作者一定想在有生之年出版自己的作品［想想艾米莉·狄金森①（Emily Dickinson）和多萝西·华兹华斯②（Dorothy Wordsworth）］，但在大多数情况下，一本书籍的问世都是获得认可的标志，能起到界定一个作者的作用。作者造就书，书也造就作者。

当作者出版下一本书、再下一本书时，这种作用也在不断扩大。扎迪·史密斯（Zadie Smith）在和同为小说家的伊恩·麦克尤恩（Ian McEwan）交流时说道："在自己的书架上，看到自己的那一小堆美妙的作品是什么感觉？一小堆的书，我不知道那会是什么感觉。我应该会觉得很神奇。"麦克尤恩化用 T. S. 艾略特笔下的人物 J. 阿尔弗雷德·普鲁弗洛克的话回

---

① 美国传奇诗人，自二十五岁起弃绝社交，独自写诗三十载，留下 1800 多首诗作，生前仅发表了其中 7 首。——译者注
② 威廉·华兹华斯的妹妹，在世时无意跻身作家行列，但留下了大量信件、诗歌、日记和其他作品。——译者注

答说，"那些书是我用来丈量自身存在的勺子"①。[7]

然而书架上的书也会提醒我们，书和作者之间可能存在距离。一本书的出版意味着它已然超出作者的控制，无法再被反复推敲、修改和重写。在那之后，作者只能等着看其他人对自己的成果有何看法。因此，作者可能会对自己的书感到疏离，仿佛他们与封面上印着的那个名字并非同一个人。若作者的名字成了一个品牌，代表着对某种类型的作品及作品质量的保障的话，这种疏离感会更强烈。J. K. 罗琳为逃离她创下的高度成功的品牌"哈利·波特"，不得不化名罗伯特·加尔布雷思出版新小说（尽管她的伪装很快就被拆穿了）。作者在图书市场上的形象与其个人的人生经历并不相干。书和人生之间的联系看似最为紧密之际，也是其开始背道而驰之时。

※

行至人生尽头，书可能是我们所能留下的最源远流长的遗产。我们这些写书的人可能会设想，我们留

---

① 艾略特所著的《J. 阿尔弗雷德·普鲁弗洛克的情歌》中的原句为"我用咖啡勺丈量我的生命"。——译者注

下的东西能将我们的名字、言论和思想流传后世。若是更乐观一点，我们会设想我们的书将成为一座比青铜更坚固——也更闪亮——的纪念碑。即使我们宏伟的梦想没有实现，我们的书未能成为经典，我们依旧可以确信我们的书会长期存放在恢宏的版本图书馆（出版物法定送存机关）中。一个世纪后，某个特别勤奋（或闲得慌）的学者可能出于无聊的好奇心，从大英图书馆或美国国会图书馆的藏书目录中调出这本书。在之后的几分钟或几小时内，我的言论可能再次回响在某个现在还未出生的人的脑海中。也许吧。我认为这些书更可能被遗忘在某座大型图书馆仓库的书架上，或是仅保留电子版。纵然如此，每出版一本书，我们都不仅会想象它在空间上的流通性，还会想象它在时间上的持久性。因此，每一次写作和出版行为都是在试图抵御死亡，试图从遗忘手中救回一点自己的东西。

约翰·弥尔顿（John Milton）在他1644年出版的专著《论出版自由》（*Areopagitica*）中宣称："书绝非死物，而是蕴藏着生命潜力，就和孕育它的人一样鲜活。"[8]他认为书的生命力可以在一定程度上抵消作者的死亡。写书好比产子（一种更广义的"孕育"），是在你死后将部分自我留在这个世上的一种方式。书所包含的"生命潜力"可能在后世某位读者的人生中再度爆发。弥尔顿随后将书比作出现在卡德摩斯和伊阿宋的神话故事中的龙齿，把这些龙齿埋入地下，会长出活生生的战士来。书不仅仅会融入我们的人生，依照弥尔顿的比喻，它们还拥有自己的生命，能赋予读者生气。

※

死者会在阴间阅读吗？摆脱人间疾苦后，他们是否有时间读些生前从未读过的书？路德维希·范·贝多芬中年失聪，据传他在临终时说，"我将在天堂听到声音"。我们可以想象失明的约翰·弥尔顿也有类似的话要说，"我将在天堂阅读"。也许，还存在一层鲜为人知的地狱，某些拙劣的作者会在那里受到诅咒，没完没了地重读他们自己那些冗余的作品，以惩罚他们生前给读者造成的痛苦？这些猜测兴许只是胡思乱想。但在人世间，书常常在人们死后也陪伴着他们。

公元687年圣卡斯伯特（St Cuthbert）去世后，他的信徒觉得他需要一本书。他们委托制作了一本《圣约翰福音》（Gospel of St John），大小刚好能让故去的圣卡斯伯特拿在手里。那本书由英格兰东北部两座紧紧相邻的修道院芒克威尔茅斯－贾罗修道院的修士用拉丁文写在牛皮纸上，然后包裹在精心装饰的山羊皮封面中。芒克威尔茅斯－贾罗修道院拥有英国最负盛名的缮写室，短短几年后，他们就制作出了巨大的全本《圣经》手稿——《阿米提奴抄本》（Codex Amiatinus），这是现存最古老的拉丁文《圣经》完整抄本。芒克威尔茅斯－贾罗修道院的修士们将《圣约翰福音》交给了林迪斯法恩修道院，卡斯伯特曾是那儿的院长。林迪斯法恩修道院的修士打开了卡斯伯特的坟墓，将书放进他的棺椁里。自公元698年起，卡斯伯特的坟墓就一直矗立在圣坛后面。在其逝世后的几百年间，卡斯伯特的遗体并未获得安宁。由于他的长眠之地有可能遭受维京海盗的侵袭，信徒们带着他的灵柩踏上了漫长的旅程以寻求一处安全之所，最终他们将他安置在达勒姆大教堂。1104年，他的棺椁再次被打开，人们从中拿走了那本书。如今这本书为大英图书馆所收藏，被认为是欧洲现存最古老的仍保留着原始装帧的书。[9]这本书之所以保存得如此完好，部分归功于它长年与逝者为伴。

毫不夸张地说，圣卡斯伯特的福音书很不同寻常。中世纪时期，所有书都靠手写，为某一读者专门制作一本书也不是什么奇怪的事。譬如，上流阶层就常常定制时祷书。可是，圣卡斯伯特的福音书打从一开始就是为一位业已去世的读者定制的。虽然卡斯伯特逝世几年后这本书才放入他的棺椁中，但将《圣经》或其他书同逝者一起放入棺椁的习俗非常普遍，并且持续了很长时间。人与书的关系未必会随读书人的死亡而终结。逝者常常怀抱着一些读物，进入最终的永眠。

※

如果逝者并未把书带进坟墓，那么通常就会留给生者。我自己最珍视的一些书就是一些故友留给我的。念研究生时，我的导师是一位既了不起又有些古怪的学者。他对我的论文主题非常了解，不遗余力地指导我。我的学位论文完成后，他送了我一本书，在上面题了些金玉之言。随后的几年，我经常碰到他，一般是在大英图书馆，他一直在那里撰写一部酝酿良久的书。那部书是一项里程碑式的成就。书出版后不久他就去世了。我的书架上也有他的那部书，我做研究时经常翻阅。但我也时常翻阅他送我的那本书，每次从书架上把它取下来时，我都会翻看他写在书前的赠言来缅怀他。

我的书最终会怎样呢？不是说我写的那些，而是我拥有的这些。毋庸置疑，我已经拥有太多书了，而且今后注定会变得越来越多，以至于不得不做一些筛选。但我也肯定自己绝不会扔掉所有的书，其中一些要保留到我咽气的那天。届时，平装书可能都散了架，但有些精装书随随便便就能比我多活很多年。书经久不衰。因此，无论是通过出售、赠送、捐赠还是遗赠，我的书总会找到新的书主和读者。其中有些人对我知根知底，另一些人则对我一无所知。如果说，书真的从童年到暮年与我们的人生交织在一起，那它们自然也是我们留下的遗产之一。

约翰·济慈不相信他的诗作能在他死后继续流传。他要求在他的墓碑上写下："此地长眠者，声名水上书。"但他还写了一封非正式的遗嘱，随函寄给了他的朋友兼出版商约翰·泰勒（John Taylor），明确交代了他死后应当如何处理他生前珍爱的那些书。这份文件现存于纽约摩根图书馆。在信纸的顶部，病重的济慈以令人意外的遒劲笔力写道："舍内橱中书，分送吾之友。"这是他写的最后一句五步抑扬格。

06

书 / 世界
书如何塑造文化机构、社会和国家

我一直觉得书店和图书馆是足以抚慰人心的地方。就我而言，自然是面积越大越舒服。我有时去这些地方既不是想买书也不是想借书，只是去浏览书目而已。显然，不是只有我才这样。据大学图书馆报告，尽管学生借的书越来越少，但去图书馆的学生却越来越多。纵然他们打开自己的笔记本电脑就能获取需要的文本，但他们仍想在无穷无尽的书架旁学习。他们顺着书架间的过道，扫视书脊上的排架号，穿行在用书砌成的走廊里，那些书就像砌墙的砖块一样。但书又不同于砖块，它们并非一模一样。正是书的多样性和相似性共同产生了这样的效果。我认为图书馆和书店拥有巨大的潜力，能引导我去想象探索知识的新途径和享受阅读之乐的新方式。不过，看着不计其数的书，也容易头晕目眩。在图书馆和大型书店里难免要面对这样一个事实，那就是自己的阅读量与这些堆积如山的书相比只是——也将永远是——九牛一毛。

　　图书馆改变了我们的阅读方式。在图书馆里看到的书与教学大纲上指定的书或过圣诞节时收到的书，给人的感觉是不一样的。图书馆里那些对我产生影响的书的存在，促使我意识到在我眼前打开的这本书是从众多可能性中挑选出来的。就算只是一座空间狭小的图书馆，里面的书也比大多数人一辈子看的书还要多。坐在图书馆里，四面环绕着那么多没有读过的书，我不禁会想为什么我要把注意力放在眼前这本而不是其他的书上？我真的找到了我想看或要看的书了吗？我是不是该先放下这本，再翻一翻书架上的其他书，看我是不是选对了？图书馆的藏书影响了读者专注阅读手头的书，切实地提醒读者，选择阅读一本书就意味着要忽视其他所有可能引起我们兴趣的书。与此同时，图书馆也便于读者在多本书间进行比较，或是并排摊开好几本书，互相参照着做研究。故而，图书馆似乎有助于某些类型的阅读，同时也使得另一些类型的阅读变得难以为继。

浏览书架时，你会因为歪着头看书脊上的书名而感到脖子酸痛（要是英国出版的书就向右歪，要是法国的书就向左歪），你很容易为你没有读过而且永远也读不完的浩繁卷帙而茫然失措。图书馆和大型书店既可以令人振奋，但也可以使人无力。我两手空空地离开书店的一个原因就是，书店里的选择太多，弄得我晕头转向。选了六本或八本我很想买的书之后，我又把书一一放回了书架，因为我一时半刻没有那么多钱或没有那么多阅读的时间，最后就空着手走了。何况，家里的床头柜上不还堆着一大摞吗？面对浓厚的书香和数不胜数的书，我发现自己已不知如何是好。但是，不管多大的图书馆或书店都不可能藏尽天下书。哪些书不收，它们各有各的政策——无论是否明文规定。就像社交俱乐部会接纳一些人、拒绝一些人一样，馆藏同样由接纳什么和拒绝什么两方面来界定。所以有时，对图书馆或书店提出的最有意思的问题是：哪些书这儿没有？

※

每每造访大型图书馆，我们都会意识到即便终生阅读，所读之书也无非沧海一粟。豪尔赫·路易斯·博尔赫斯——一位学识渊博的作家——就为这一事实所困扰。他写他自己"总是想象天堂 / 应是图书馆的模样"（Yo, que me figuraba el Paraíso / Bajo la especie de una biblioteca）。[1] 但在小说《通天塔图书馆》（*The Library of Babel*）中，他想象出了一座收藏着所有可能性的书的图书馆，却与天堂相去甚远。那座图书馆的馆藏：

> 包罗万象：未来的详尽历史、大天使们的自传、图书馆的真实目录、成千上万种虚假目录、对那些目录的谬误的论证、对真实目录的谬误的论证、对某种教义的评说、对该教义的评说的评说、对你的死亡的真实记载。[2]

你想知道的所有知识都在那里。但要在这座图书馆里找到一本真实的书、一本有价值的书，哪怕只是一本读得懂的书，都是一项无止境的任务，多半会白忙一场。图书馆里的人不知道还有其他世界，他们的自杀式行为"一年比一年频繁"。[3]故事的叙述者准备在图书馆里死去，就在他出生地的不远处。博尔赫斯自己只在布宜诺斯艾利斯的公寓里保留了几百本书，特别是失明之后，他和书之间的关系主要不是出于他对书这一物品的喜爱，而是出于他对学识的占有欲。[4]大量的书使人五味杂陈。它们给人一种力量感——那么多知识唾手可得！但也让人心生焦虑，我们实际知道的是何等之少，我们还没读过的书是何等之多。

位于华盛顿特区的美国国会图书馆藏书1.67亿册，书架总长近838英里[①]。每个工作日都会增加大约12000册藏书。哪怕是最心无旁骛的读者——除了阅读之外无事可做的那种，充其量也只能粗略地读完其中很少很少的一部分，连1%都不到。借助机器辅助阅读的新型数字技术给我们提供了挖掘大数据集的方法，让我们能通过新视角接触更多的书，而任何个人或团队研究者都不可能以传统方式"阅读"这么多书。但这种策略只会凸显单个读者的阅读能力与大量出版的书籍之间的落差。它们提供的是一种处理大量文本而非大量书籍的方式。图书馆则让我们意识到，书不仅仅是数据源，更是需要储存、分类、整理和丢弃的实物。

把书视作整体，书便有了全新的意义。一排书架、一个书柜或一座图书馆里的书可以传递出有别于书中字里行间表达的信息。书有其私人生活，也有其

[①] 1英里 =1609.344米。——编者注

公共生活，它们还在我们的个人生活和公民生活中发挥着重要作用。书不仅反映出了群体和社会的性质，更协助塑造了这些群体。例如，宗教团体的划分部分取决于他们对不同教义的态度；某些职业群体则可以通过他们对专业书库的访问和利用来界定（想想律师对法律判例的运用、医生对医学期刊的运用，还有学者对学术图书的运用）。这些汇聚起来的书可以反映——乃至形成——个人、群体或国家的特性。

※

　　书店和图书馆吸引我的地方，不仅在于那里汇集了数量惊人的书，更在于那里的书架展现出了人们对书的整理。书店和图书馆的书被分类和编排成了瓦尔特·本雅明所说的那种"稍显无聊的顺序"。[5] 所有图书管理员都知道，拥有好书只是成功的一半——得让人们有办法找到他们所拥有的书才行。图书馆的目录或书店的库存资料，都能帮你找到你想要的书。本雅明称："如果说有什么能与图书馆的混乱相'媲美'，那就当数其目录的井然有序。"[6]

　　图书馆目录也有自己的发展史，为满足不同的图书管理员和读者的需要而出现了不同的目录系统。许多历史文献图书馆仍旧采用"固定库位系统"，根据书的尺寸和购置日期排列上架。基本上也就是说图书管理员从第一个书架的左上角开始，将他们新购置的每一本书放在之前购置的书的旁边，无论这两本书的主题有无共通之处。那些放不进普通书架里的大开本则另外排序。一个书架装满后，图书管理员就开始装下一个。这意味着你在浏览书架时可以顺着时间往前追溯，从最近购置的馆藏本到最早的馆藏本，有时可能跨越了数百年之久。

近年来，许多公共图书馆已换用杜威十进制图书分类法，这种分类法首创于1876年，是按书的主题排架。学术图书馆和其他大型图书馆通常采用美国国会图书馆分类系统，依据主题、日期、作者等将书分门别类，形成一套复杂的大类和子类。没有这些分类系统，谁也别想找到任何东西。这些分类系统试图为混乱的馆藏带来一些组织框架。但这些尝试总是功在一时、有待改进，无法面面俱到。这就是为何阿尔维托·曼古埃尔（Alberto Manguel）称图书馆为"一个充满瑕疵的秩序之梦"。[7]

有些图书馆需要你在目录中查找书籍，然后请工作人员把书拿给你，你再带到阅览室去翻阅；而开架借阅则能让你在无意中找到一些意外之喜。实际上，是巧妙的分类为这种邂逅创造了条件，他们把书放在了你可能会无意间看到的位置。图书馆或书店的布局也是一种针对知识组织形式的隐性论断。他们把一些书放在一起，把另一些书放在远处，使得某些知识之间的联系比另一些知识之间的联系更容易为人察觉，更容易产生某些论断。例如，在图书馆里浏览"英国文学"区的书架（按美国国会图书馆编目系统的编排，该区的标签为P），你轻易就能看出夏洛蒂·勃朗特和占据着她周围几个书架的其他19世纪作家（如布朗宁、拜伦等）之间的联系。但要是你想看看她的作品和她所属时代之间的联系，就得前往历史区（标签为D），它很可能在另一层楼，甚至可能在另一栋楼。图书馆的分类方法为我们提供了一种老套而看似顺理成章的思维路径，实际上却有碍于我们进行某些别样的思考。

整理书籍通常也意味着要将书归入某种体系。书店的这套系统一目了然：新上市的小说和畅销书就放在门口，供随意进来看看的人翻阅；童书在后面，孩子们可以自行从书架上把书拿下来，也不会挡住消防通道；专业教科书在楼上或地下室。图书馆的体系可能比较隐晦，但当目录把一批书归到同一个书架上时，这些书的主题似乎也被归为一类了。1932年，杜威十进制图书分类法首次将关于同性恋的主题加入图书分类中，并将这些书目放在第132区（精神错乱）和第159.9区（变态心理学）之间。[8]霍华德大学是华盛顿特区一所历史悠久的黑人院校，该校的图书管理员多萝西·波特（Dorothy Porter）在差不多同一时期发现，许多图书馆把黑人作者写的几乎所有东西全放在第325区（殖民化）或第326区（奴隶制）。[9]在美国国会图书馆分类系统的社会科学（标签为H）大类中，有一个子类HQ代表"婚姻、家庭、女性"，还有一个子类HX代表"社会主义、共产主义、无政府主义"。在人们的印象中，图书分类系统无非反映了一种公认的秩序，将原本就属于一类的东西放在一起罢了。但稍加思考就会发现，它们其实是在隐晦地表达对图书馆之外的世界的论断。

图书馆和书店整理书籍的方式不是反映出我们

周围世界的自然秩序，而是帮我们建立起理解这个世界的参考框架。图书上架似乎是由最不起眼的图书管理员或职位处在底层的书店职员所负责的基础工作。编写美国国会图书馆分类系统的图书管理员们谦逊地将论述书和图书馆的书放在分类的末尾，标签为Z，仿如人类所有知识的附录。我敢说，那里就是这本书的归宿。但图书上架实则是一项伟业所包含的平凡的重复劳动，旨在整理我们对现实的理解。它使某些思考世界的方式变得更容易，而另一些则变得更难。

※

图书馆和书店是社交空间。尽管人们普遍觉得它们好似安静肃穆的文字教堂，由严厉的工作人员主持，只要说话声超过耳语就会被要求保持安静，但其实人们在这些地方社交的历史由来已久。19世纪早期，在巴斯一类的度假胜地开始出现私营的"流通"图书馆，那里成了人们碰面、闲聊和展现自己的热门场所。新搬来的人会加入流通图书馆，把自己的名字写在访客簿上，表明他们进入了当地的社交圈。[10]现如今，大一点的书店一般都营业到很晚，并设有咖啡区。他们还举办各种活动——朗读会、签售会和读书俱乐部——吸引人们进店。另外，公共图书馆则被人们当成社区中心，提供上网和打印等一系列服务。借由这样的方式，这些为书打造的空间在社会生活中所发挥的作用远远超出了租借、售卖和阅读书籍。

在图书馆和书店中，大量聚集的书形成了书的空间。在学校里，那些花时间泡图书馆、花钱逛书店的孩子往往被认为是墨守成规的书呆子。但这些书呆子心知肚明，书的空间通常也是反抗主流文化的空间。在书里，规则和标准可以被质疑。创立于1953年的旧金山城市之光书店（City Lights Bookstore），一直是进步人士和抗议群体的重要聚会地点。伦敦布鲁姆斯伯里的同志之语书店（Gay's The Word bookshop）创建于1979年，素来是英国为数不多的专供男女同性恋群体聚会的场所。这两家店都曾惹上法律纠纷，分别于1957年和1984年遭到了当地警方的突击搜查。在这两次事件中，警方都查获了所谓的淫秽读物，随后的庭审得到了社会的高度关注。在这些例子中，为书打造的场所将人群和思想汇聚起来，波及了更广泛的社会文化，并促使其发生转变。

　　但书的空间未必一定要成为带有学术或政治色彩的空间。我有一次在伦敦的皇家外科医生协会参加一场婚礼。典礼结束后，我们就在协会的图书馆里喝酒。图书馆非常壮观，一排排皮革装订的书籍布满四壁并环绕着整个房间的廊台。身为研究图书史的专家，我非常渴望从书架上取下一些书细看一番。毕竟，它们曾为一代代外科医生提供研究和培训资料。但这一点在这个场合中无关紧要：这些书为整个房间增添了一种雅致的古典气息，这就是客人对它们的全部需求。

※

　　每个图书馆都是一种论断，论证着该接纳什么摒弃什么、哪些东西属于同一类、什么重要什么不重要。那些我们决定保留的书、摆放得最显眼的书，以及在书架上并排放在一处的书，都隐晦地显示出我们的价值观和我们感知世界的方式。在蒙特利尔的麦吉尔大学（McGill University），你可以看到一座历史悠久的图书馆，它清楚地展现了这一点。威廉·奥斯勒爵士（Sir William Osler）于1919年将奥斯勒医学史图书馆（Osler Library of the History of Medicine）遗赠给了麦吉尔大学。奥斯勒常被誉为现代医学教育的创始人之一，他不仅在讲堂里授课，更开创了临床教学的先河。他平时除了是一位名医和教育工作者，还是个藏书家，收藏了大约八千册珍稀的古籍。在欧洲学习和工作的时候，他对医学史的古籍产生了兴趣，当时很多贵族的藏书正以极低的价格公开拍卖。但藏书对奥斯勒来说，并不像飞蝇钓鱼或做填字游戏一样仅仅是爱好。这其实是他践行自身使命，在更严谨的基础上建立现代医学教育的一个关键环节。日积月累之下，阅读奥斯勒的藏书逐渐变成了了解医学史的主要途径。它不仅简单地收集了关于这个主题的重要书籍，实际上也推动了医学史这一门类的创建，使之成为一个独立的研究课题。

奥斯勒在其图书馆的馆藏目录《奥斯勒藏书》（*Bibliotheca Osleriana*）中强调了他的学术收藏。他在《重要馆藏》（*Bibliotheca Prima*）中列出了图书馆的镇馆之作，包括希波克拉底（公元前460年—前370年）、亚里士多德（公元前384年—前322年）和盖伦（公元129年—200年）的经典著作的早期印本。他将这些著作放在图书馆最醒目的位置，四面环绕着"次要"的藏书，比如与医学相关的文学作品。奥斯勒生前经常在他的图书馆里招待同事和朋友。除了私人消遣，那里也是教学和社交的场所。奥斯勒逝世后，永久地搬进了这座图书馆：遵照他的遗愿，他的骨灰被安置在他一手创建的图书馆里，装在一个骨灰坛中，放在他最珍视的两壁书橱之间。奥斯勒致力于让医学成为一门受人尊敬的拥有悠久而卓越历史的学术研究型学科，他的图书馆为这一抱负提供了物质形态。这座图书馆隐晦地表明医学写作自有其独特的传统，并确定了一些代表作。

无论我们谈论的是高校的大型图书馆、中小学或学院的图书馆，还是本地的公共图书馆或私人藏书室，奥斯勒图书馆都特别具有代表性，所有图书馆的做法在某种程度上都与之相似。图书馆以物质的形态记录下了人们的决定，买哪些书不买哪些书、保留哪些书、卖掉或送掉哪些书、书按怎样的顺序陈列，等等。书店受一系列商业因素和利益的影响，也反映出一系列类似的决定，囤积哪些书、追加或减少订购哪些书、搞打折出售还是多件优惠、哪些书放在书店前面的展示台上、哪些书放在后面的书架上、没卖出去的库存是退给出版商还是继续陈列。

所以，大量书籍汇集在一起所形成的论断，不同于你在书中看到的论断。这种论断表述的是什么值得一读、什么值得了解、哪些书你可能会喜欢、哪些书不堪卒读（含蓄地）、哪些书是给成人看的、哪些书是给儿童看的、哪些书针对的是主流读者、哪些书针对的是特殊兴趣群体。走进图书馆，你会发现你置身于一个论述知识形态本身的论断之中。

※

国家图书馆对一个国家的价值和文化遗产做出了类似论断。亚历山大大帝的继任者，马其顿帝国的将军托勒密一世创建了古代最伟大的图书馆——亚历山大图书馆（Library of Alexandria）。它是公元前 3 世纪到公元前 1 世纪的学术重地，使位于埃及北部的亚历山大城跃居世界的知识中心。亚历山大城是个重要的贸易港口，每艘靠岸的船只都必须交出船上所有卷轴，送去图书馆抄录副本（不过显然图书馆有时会扣下原件，交还副本）。这座图书馆清楚地表明，除了军事，托勒密王朝还誓要在学术上独占鳌头。

走进伦敦的大英图书馆，你可以看到与之相似的野心的现代版本。这里展现的是整个国家的知识载体。沐浴着自然光线，步入金石大厅，一个庞大的六层高的黑色立方体随即映入眼帘。乍一看仿佛只是黑压压的一片，但你很快意识到在你眼前的究竟是什么：六层楼的书籍，六层楼的故事。这是矗立在明亮大厅中央的国王图书馆，茶色玻璃后面是一排排黑色的木质书架。国王图书馆与周围的建筑之间以廊桥相通，要是走运的话，可以看到图书管理员推着一车书进进出出。这里存放着大英图书馆的"奠基馆藏"，收藏国王乔治三世和他的图书管理员、学者和藏书家罗伯特·科顿爵士（Sir Robert Cotton）、汉斯·斯隆爵士（Sir Hans Sloane）和罗伯特·哈利（Robert Harley）的藏书。大楼的设计高度凸显了大英图书馆中最珍贵的宝藏，为国家文化提供了大气磅礴的物质形态。

这里最珍贵的不是哪一本书，甚至也不是涉及哪个主题的哪一套书。一旦你走近去看看那些书，就会发现国王图书馆的藏书其实很杂。相反，正是这么多书陈列在一起——仅是乔治三世的藏书就超过了65000册——才产生了这种震撼人心的效果。这些暗红色的皮革书（其中许多是遵照国王的旨意在白金汉宫地下室的一间作坊里装订的）多得令人眼花缭乱，占据着长达2438延米①的书架。英国所有的知识悉数在此，仿佛喻示着庞大、卓越、无可撼动。当然，这里的书不过是大英图书馆馆藏的一小部分罢了。整座图书馆看得见的部分只是冰山一角，水面之下还有非同寻常的五层地下室，深度几乎与伦敦地铁线不相上下。这里保存着大约1.5亿册大英图书馆的编目馆藏，还有很多藏书（约占总数的70%）存放在位于西约克郡波士顿斯帕的馆区中。尽管国王图书馆仅是整个国家图书馆的一鳞半爪，但它的设计却令人震撼。它是所有馆藏的代表，见微知著。耸立在游客面前的茶色玻璃书塔，让人对这里馆藏的规模和地位一目了然。

---

① 延米，即延长米，一般用来统计或者描述不规则的条状或线状的工程计量。——编者注

在海峡对岸的巴黎，你也可以看到书发挥着类似的作用。法国国家图书馆的弗朗索瓦·密特朗图书馆是法国总统密特朗在其任期将尽时启动的几项"大巴黎计划"之一。该馆矗立在塞纳河沿岸，存放着法国国家图书馆收藏的印刷读物。四座雄伟的L形塔楼坐落在一个矩形广场的四角，好似四本打开的巨型图书。它们通过广场和一些步道相连，环绕在绿树成荫的中央庭院周围。自1996年开放以来，经常有人抱怨这里的建筑风格。四座独立塔楼的设计，意味着你想查阅的书好巧不巧似乎永远在最远的那座塔楼里。塔楼的玻璃和钢架结构使书脊部分在阳光的暴晒下日渐褪色，不得不加装百叶窗。中央庭院里的花园也不向读者开放。

尽管弗朗索瓦·密特朗图书馆投资了尖端科技以方便人们在书库和阅览室之间调取藏书，但建筑师似乎还必须在建成一个高效便捷的图书馆和其他一些需求之间取得平衡。他们不只是要把1400万册藏书变成可以随时取阅的资源以飨读者，还要把这里打造成法国的文化地标，让那些只是远观却从不走进图书馆的人也能一望而知。纵然是从没读过这里的馆藏图书的人，也能轻易领会图书馆本身所传达的信息。就像凯旋门和埃菲尔铁塔一样，法国国家图书馆也是法国文化自信的另一象征。只不过，第一个是用石头建造的，第二个是用钢铁建造的，而第三个是用书籍建造的。

在这两个例子中，书这一物品都被用来"为国效力"。这些书排列整齐，通常还装帧统一，是国家知识的具现。上述图书馆都属于版本图书馆，依据法律规定，凡是在英国和法国出版的书，它们都有权分别收藏一册副本，也就是说，这些国家馆藏聚集了差不多整个国家在所有文学和知识领域内的全部成就。而它们的雄心壮志并不止步于国境线。它们还从海外收集了不可胜数的藏书，为本国公民提供全球各地的书。作为历史悠久的文化机构，它们保存着辉煌的昔日成就；作为新书的积极承购方，它们保护着最新的发展，以造福未来的读者。它们所做的一切都备受瞩目。在围绕书这一物品而兴建起来的规模宏大的建筑里，它们滔滔不绝地宣称，国家的成就与一个国家的书香底蕴息息相关。它们说，书让一个国家变得伟大。

※

这就是为何那些决意摧毁一个国家或民族的人，往往会毁其书文。德国犹太作家海因里希·海涅（Heinrich Heine）在1823年写过："他们在哪里焚书，最后就在哪里焚人。"（Dort, wo man Bücher verbrennt, verbrennt man am Ende auch Menschen.）他的这句话经常让人联想到一个多世纪后，纳粹在德国引发的焚书事件。一些大屠杀纪念雕像也与书相关，例如，雷切尔·怀特里德（Rachel Whiteread）为维也纳犹太人广场塑造的"无名图书馆"（2000），还有米卡·乌尔曼（Micha Ullman）在发生过焚书事件的柏林倍倍尔广场安装的地下装置"空书架"（1995）。海涅的这句话如今就刻在倍倍尔广场的纪念牌上。可悲的是，这种破坏书——用专有词汇来说就是焚书——的行为在人类历史上相当常见。普鲁塔克讲过的一个故事（有可能是讹传）提到，公元前48年，亚历山大图书馆被困在城中的尤利乌斯·恺撒的军队付之一炬。在历史上，图书馆经常成为战争的牺牲品。

1992 年 8 月 25 日，萨拉热窝的居民遭到了来自拉特科·姆拉迪奇将军领导的军队的重炮轰炸。[11] 晚上十点半左右，他们注意到情况有变。塞族炮手没有从米里雅茨河对岸铺天盖地地轰炸整座城市，反而开始集中火力攻击一栋建筑：位于旧市政厅内的波黑国立大学图书馆。燃烧弹击穿了大楼的屋顶，点燃了里面的书架。馆中大约藏书 150 万册，包括 15 万册珍本，700 册手稿和早期印本，其中许多都是独一无二的。和位于伦敦、巴黎的国家图书馆一样，这座图书馆也拥有巨大的象征意义。其重要性超越了它所容纳的书目的价值，因为所有这些馆藏在整体上已具有另一番意义。萨拉热窝的居民冒着大火冲进图书馆救出被困人员，并尽可能地抢救书籍。他们被据守在周围山坡上的塞族军队射杀，书被烧成齑粉，如雪花般散落在他们周围。营救书籍和人员的工作持续了数日之久。

无论是那些焚毁图书馆的人，还是那些奋力控制火势的人，都对其中的利害关系没有丝毫怀疑。这座图书馆代表着波黑的历史和文化，里面的藏书是一代又一代人的积累。此外，它还象征着萨拉热窝身为一座国际大都市，容纳了不同种族和信仰的人们在此扎根的历史。馆中收藏的书籍涵盖多种语言，既有塞尔维亚人的著作，也有波斯尼亚人的著作，他们曾在阅览室的桌子上并肩创作。摧毁图书馆不仅是要消灭波黑文化，更是要抹杀不同种族的群体曾在此和平共处的城市记忆。这不光是在攻击现在的萨拉热窝，也是在攻击这座城市的过去。摧毁波黑国立大学图书馆是塞族蓄意攻击文化机构计划的一部分，他们还锁定了其他许多图书馆。要毁灭一个民族，似乎必须首先毁灭它的书。毁其书与灭其族是形影相随的。

2014年至2015年，武装势力占领了伊拉克部分地区。这次短暂的占领在军事上一败涂地，但他们却进行了可怕的焚书行动。伊拉克的书本文化源远流长。他们的第二大城市摩苏尔拥有一所大学，校内有一座著名的图书馆。这座图书馆由许多年代久远的私人藏书构成，存放着不少珍稀的手稿和早期印本。2014年12月，武装势力在撤退时放火焚烧图书馆，毁掉了大半馆藏，并用简易的爆炸装置在校内布下陷阱。整个校园被洗劫一空，图书馆是重灾区。自该馆遭难以来，许多个人和机构纷纷承诺提供资金、捐赠书籍，协助重建图书馆。不过就算这些书可以更新换代——实际上很多书是无可取代的——也无法改变图书馆的意义和其一度被毁的事实。

在摩苏尔、萨拉热窝以及世界其他冲突地区的例子中，书都是人们的身份受到威胁的强烈象征。汇集在图书馆里的书，不仅为某个民族的知识和文化提供了物质形态，还切实地提醒人们不同民族之间也能在互相理解的基础上彼此学习、实现共存。图书馆乐于购买、保存和传播不同语言、不同文化的书，反映出他们对其他民族及其思想兼收并蓄的开放态度。反对书籍的战争就是反对历史、反对学习、反对文化、反对接纳他者的战争。我们的书如此鲜明地代表着我们的身份、我们的抱负和我们的传统，从而成为被攻击的目标。毁其书并非是对灭其种族的一种拙劣替代——一种在撤退时用以泄愤的恶行，一种在败局已定时采取的焦土战术。破坏书籍是一种有预谋的战略，旨在攻击文化身份，剥夺其存在的权利。

※

相对地，赞美书籍则是巩固和捍卫文化身份的一种方式。2011年，爱丁堡市为一个书谜所牵动。事情缘起于苏格兰诗歌图书馆，那年3月，一位匿名艺术家在桌上留下了一尊书雕。那尊雕塑是把旧书剪碎，重新粘合起来，塑造出一棵树从一本书的封面中生长出来的三维立体模型。没人知道是谁做的。这尊"书－树"旁边留有一张字条，说这是"支持图书馆、书籍、文字和思想"的礼物。谜团由此传遍了整座城市。苏格兰国家图书馆紧接着也收到了一份礼物——由一本伊恩·兰金的小说《落幕之光》（*Exit Music*）制作而成的精美雕塑。附上的字条给这件作品增添了一丝政治色彩。它再次重申，这是"支持图书馆、书籍、文字和思想"的礼物，并补充了一句"反对它们落幕"。[12]

接下来几个月，这位匿名艺术家又将她的作品留在了爱丁堡的八个文学和文化机构里，从苏格兰故事讲述中心到国家博物馆。其中有一尊雕塑似乎在作家博物馆里被藏得特别隐秘，一连好几个星期都没人发现。好一阵子，人们都在寻找这位到处留下作品的神秘雕塑家。但不少人认为应该尊重她想要匿名的意愿。后来，她通过邮件联系了苏格兰诗歌图书馆和苏格兰图书信托社，透露了自己的性别，但仍没有透露她的名字。这个故事还有一段后续。2011年11月，自第一尊雕塑被发现八个月后，爱丁堡书店收到了最后一尊雕塑，也就是十尊雕塑之外的第十一尊。这尊雕塑也和其他雕塑一样，是用伊恩·兰金的书做成的，但这一尊是给他本人的礼物。

这些书雕是对爱丁堡身为书香之城的赞美。作为苏格兰首都的爱丁堡有着悠久而傲人的文学遗产，18世纪出了 大卫·休谟（David Hume）和亚当·斯密（Adam Smith），19世纪出了阿瑟·柯南·道尔和罗伯特·路易斯·史蒂文森（Robert Louis Stevenson），20世纪出了缪丽尔·斯帕克（Muriel Spark）和休·麦克迪尔米德（Hugh MacDiarmid），21世纪出了 J. K. 罗琳和亚历山大·麦考尔·史密斯（Alexander McCall Smith）。那里的中央火车站命名自一部小说——沃尔特·司各特（Walter Scott）的《韦弗利》（*Waverley*）；那里还有着深厚的出书、售书和藏书的传统；2004年，爱丁堡成为第一座被联合国教科文组织授予"文学之都"称号的城市。爱丁堡是一座建在书上的城市。这些书雕旨在赞美这一切，但也提出了抗议，反对裁撤图书馆、画廊和博物馆等文化基础建设，并强调免费开放这些机构的重要性。这位匿名艺术家用书作为她的雕塑主题和雕塑材料。在她的作品中，书鬼斧神工地变成了不可思议的艺术品。这些书雕赞美书能激发我们的想象力、吸引我们的注意力，也强调书是城市公民生活的核心。

幕间休息

贝尔坎普（疑作）:《伟大的画面》

(Jan van Belcamp, *Great Picture*, 1646)

1646年，时年五十六岁的安妮·克利福德夫人（Lady Anne Clifford）实现了她自十五岁起就一直追寻的目标，终于继承了她自认应得的头衔和财产。她的父亲——第三代坎伯兰伯爵乔治·克利福德（George Clifford）——于1605年逝世后，并未将头衔和遗产留给他唯一健在的孩子安妮夫人，而是留给了他的兄弟弗朗西斯。安妮夫人和她的母亲向国王请愿，要求获得遗产，她们声称这些东西理应属于她们，并在法庭上展开了纷繁复杂且旷日持久的诉讼。直到她的叔叔弗朗西斯和他的儿子双双逝世后，再没有其他男性继承人了，遗产才终于传给了安妮夫人。这几十年间，她结过两次婚，比两任丈夫都活得久。她的婚姻使她成了彭布罗克伯爵夫人、多塞特伯爵夫人和蒙哥马利伯爵夫人。但现在，除了这些头衔，她还是克利福德女伯爵、威斯特摩兰女伯爵和维克塞女伯爵。她请人创作一幅画纪念她的胜利。

书在这幅画中占有重要地位。这幅名为《伟大的画面》的三联画通常被认为是荷兰艺术家扬·范·贝尔坎普（1610—1653）的作品。这幅画曾在艾波比城堡（Appleby Castle）悬挂了三百年之久，现在由湖区的阿博特庄园美术馆收藏。

该画的左联描绘的是十五岁时被剥夺了继承权的安妮夫人。她一身华服，站在自己的家庭女教师和导师——诗人塞缪尔·丹尼尔（Samuel Daniel）——的画像前，身旁放着一把鲁特琴，头顶上方是满架子的书，还可以看到地上堆着更多书。书架上的书摆放得很整齐，有些平躺着，有些直立着。书名清晰可见，包括奥维德、乔叟和塞万提斯的作品。这一联有意要突出书的重要性。这些书表明，安妮夫人除了通晓音律等传统女性的学识，还接受了严格而广泛的文学教育，包括阅读多种语言的著作。此外，她阅读的内容并不局限于行为指南和宗教著作，也就是少女该读的那些东西，更涵盖外文书和翻译过来的经典之作，甚至还包含"男性"作家的作品。如果那些书没有被删减过的话，十五岁的安妮夫人势必会在奥维德、乔叟和塞万提斯的书里看到一些对皇室贵族而言露骨的低俗段落。

　　这幅画的中联描绘了安妮夫人的父母和她的两个哥哥（两人均幼年天折）。这一联里也有书，但数量明显较少——书架上只整齐地叠放着三本书：一本《圣经》、一本塞涅卡①的书和一本关于炼金术的书，都是些中规中矩的书。（炼金术是她母亲的一大兴趣，也是17世纪英国社会相当流行的一个话题。）这一联中的书寥寥无几，表明安妮夫人的父母不像她那样把书看得那么重要，而安妮夫人在阅读方面也更为大胆。她的父母或许会监督她的学习，但在心智上，安

---

① 古罗马哲学家、戏剧家。一生著作颇丰，尤以《道德书简》广为人知。——编者注

妮夫人是自学成才的女性，或者说，是读书成才的女性。这一联表明，及至父亲逝世时，安妮夫人已经通过学习成长为一个完全有资格、有能力继承父亲头衔和遗产的人，尽管她是女儿身。年过半百的安妮夫人将父母放在了这幅画的中联，表达了她为终于被承认为他们的合法继承人而感到骄傲。但她也表明了她自身的价值不仅在于继承家业，更是通过读书自我修养的结果。

在这幅画的右联中，书显得更为突出了。这一联描绘的是中晚年的安妮夫人，也就是画这幅画的时候。如今，伯爵夫人的穿着更为庄重（符合她寡妇的身份），手扶在两本书上（其中一本是《圣经》），站在更多堆满书的书架前。左联画中的书整齐地陈列在架子上，右联画中的书则东倒西歪地堆叠在架子上，这些书显然都是读过的，使用非常频繁。众所周知，安妮夫人直到八十多岁仍有阅读的习惯，还请人给她朗诵。[1] 她的阅读偏好自十几岁时就建立了起来。右联画中可以看到很多与她同时代人的作品：诗人约翰·邓恩（John Donne）、乔治·赫伯特（George Herbert）和本·琼森（Ben Jonson）的作品都在这里，还有些宗教和道德哲学方面的著作。安妮夫人不仅获得了遗产，还收获了终身阅读的益处，在这一联里，她展现出一个博学多识、品味高雅又具有贵族身份的女性形象。

这幅三联画描绘了一种从青春期到中晚年一路有书支撑的人生。少女和老妇各自站在自己的书架前，架上摆放着重要的书，两个画面巧妙地遥相呼应。这幅画显示出了书如何陪伴个体度过一生，有些书就像年少时结交的挚友，历经生活的沧桑仍留在身边；另一些书则需要岁月的积淀才能与之相逢，姗姗来迟却刻骨铭心。还有一点也很重要，虽然这幅画旨在纪念安妮夫人继承了祖上的财产和头衔，但书在画布上占据的空间远大于其家族纹章。安妮夫人为自己的社会地位感到自豪，但她选择不仅把自己刻画成一个有一大堆贵族头衔的人，更要刻画成一个有满书架书的人。《伟大的画面》这幅画表明，安妮夫人的高贵不仅在于她的社会地位，更在于她内在的自我修养。书伴其一生，造就了这样的她。

07

书 / 科技

书如何应对科技变化

2007年11月，亚马逊首席执行官杰夫·贝索斯在位于纽约联合广场的奢华的W酒店登台演讲。他谈论了他计划如何改变人们的阅读方式。他说，书是"模拟时代最后的堡垒"，它们"顽固地抵抗着数字化"。亚马逊计划用Kindle电子阅读器改变这一现状。Kindle的开发历时三年，比一般的平装书轻便，依靠新的"电子墨水"技术提供便于阅读的文本和长久的电池续航。Kindle承诺消除电脑屏幕背光所造成的用眼疲劳，提供一种更接近纸质书的阅读体验。但Kindle不仅是纸质书的替代品，还是一个售书平台。它采用亚马逊的"WhisperNet"技术进行无线连接，用户能从亚马逊商店直接下载书籍到自己的设备上。此外，Kindle还是个出版平台。在发布Kindle的同时，亚马逊推出了Kindle直接出版计划，允许作者以Kindle的文件格式直接自行出版他们的作品。Kindle一次性将目标锁定在了图书、图书销售和图书出版的多重现状上。在此之前也有过其他电子阅读器，最著名的当数索尼阅读器，但亚马逊通过这种三管齐下的方式，向图书2.0时代迈出了关键的第一步。

尽管贝索斯向在场的记者介绍了Kindle的功能，

但他也强调不应该过分关注设备本身。他说，Kindle 一定会成功，因为它可以化于无形。读者需要忘记他们正在使用 Kindle。"书的关键特征在于，"贝索斯解释道，"你阅读时书会消失。凡为读者，都体验过阅读时那种忘我的流动状态：我们不会去想什么胶水、纸张、装订，所有这些统统消失了。唯余作者创造的世界，我们就流进了那个世界里。"Kindle 经过精心设计，你不会意识到它。界面做得天衣无缝，感觉甚至根本不像是个界面。读者可以学着透过它来阅读，忽略设备本身，沉浸于它所传递的内容之中。"Kindle 最重要的一个特点是，"贝索斯总结道，"它确实可以消失，让你进入作者的世界。"[1]

尽管 Kindle 和其他电子阅读器鼓吹它们具有纸质书所没有的先进功能，例如内置词典和搜索功能，但从本质上讲它们还是很像书。它们模仿书的尺寸。它们舍弃了文字处理软件和网络浏览器经常使用的滚动浏览功能，选择一页一页地显示文本。Kindle 从最早的型号起就一直左右不对称，有一侧更重一些，就像翻开的纸质书总是书脊那侧更重一样。与此同时，急于和亚马逊争夺电子书市场的苹果公司申请了"翻页"软件的专利，开始在 iPad 的电子阅读软件中提供翻页动画，与纸质书的翻页效果非常相似。（有些版本的）Kindle 进入休眠状态后，会显示一些19世纪的书里的雕版插图。因此，在某些方面，电子阅读器其实是种"拟物"——这类物体旨在模仿另一种物体的元素。我们电脑操作系统中的"桌面""文件"和"文件夹"，模仿的就是纸质化办公。即便数码相机根本没有快门，但在拍照时仍会发出类似快门开合的声音。电子阅读器也像这样模仿了印刷翻页书的各个方面。它们能在你阅读时隐形，是基于它们对印刷书的阅读体验的复制。

电子阅读器试图借用印刷书的地位和普遍性，利用我们对印刷品的熟悉感来提供一种熟门熟路、深入人心的阅读体验。为做到这一点，它们再现了印刷书的早期历史。印刷翻页书本身就是一种拟物。早期印刷书细致地模仿了当时仍在流通的手抄书。最早的印刷字体就类似于当时的手写体，还有许多早期的印刷书在印刷出来后都要手工添上彩色的首字母。为了获得业已熟悉手抄书的读者的信任，印刷书这一新媒介必须采用一些现有技术的特点。时光飞逝近六百年，我们可以看到电子阅读器如今也在故技重施，借鉴了人们所熟悉的印刷书的特点。印刷的终结——如果这就是结局的话——呼应了它的发端。

※

现如今，我们听到了很多电子技术使书籍岌岌可危的说法。报纸在报道最新的电子书销售数据时，将电子书和纸质书列为敌手。人们认为书店倒闭就是拜屏幕阅读所赐。评论家烦恼着怎样才能让孩子们多花些时间阅读纸质书。记者在炮制那些几乎只能在线阅读的专栏的间隙，撰文怀念自己儿时的阅读故事，伤感地认为所有古朴的纸质阅读都已属于过去。在这种情形下，嗜书之人可能开始觉得受到了数字化的围攻。坐下来阅读一本纸质书，就像戴表链一样，可能开始显得不合时宜。

我认为其中有些担忧是合理的，我将在下一章对它们另行探讨。但我无意在书页和屏幕之间掀起一场重量级的冠军争夺战，也无意押宝谁能胜出。这场新的书籍之战实际上隐藏着一个更为有趣的故事，那便是书与新技术打交道的历史。数字技术是一系列革新中最新的一项，所有这些革新既给书本文化带来了困扰也带来了活力，而与数字技术之间的故事则是这个源远流长的传奇的最新篇章。

在书的漫长历史中，书促成了一些新技术的诞生。印刷登上世界的舞台便源于印书。印刷业的先驱靠印制海报、表单和单页印刷品赚钱。这些东西比书更攸关早期印刷企业的存亡。约翰内斯·古登堡可能在印制他的第一本《圣经》时中途停工，多接了一些"印刷零星小商品的活儿"，这么做是为了缓解资金周转的压力，并赚到足够的钱来支付工人工资，以完成《圣经》的印刷。我们不妨想象一下在另一个世界里，印刷从未作为一种用于书籍的技术发展起来，而是始终囿于印制这些时效短暂的文件。后来出现的油印机和复印机等技术就是如此，它们可以复印各式各样的文件，但很少应用于书。然而，15世纪的印刷商却不惜将时间和资源投在印书上，只因书是声誉极高的奢侈品。他们希望借助手抄书"文化通货"的身份，推广印刷这项新技术。书为印刷带来了声誉，如果第一批印刷商局限于印制歌单和表单的话，永远也不可能获得这种声誉。

19世纪摄影技术出现时，也上演了类似的故事。1839年1月，"负－正"摄影法的发明者威廉·亨利·福克斯·塔尔博特（William Henry Fox Talbot）向伦敦的皇家研究院提交了一篇论述其发明的论文，几周后他又提交了一篇论文给皇家学会。1842年，皇家学会授予他拉姆福德奖章，以表彰他的重大发现。但塔尔博特并未仰仗科学协会及其科技刊物来传播他的新发明。他知道如果想让大众认可并接受他的摄影法，必须把它们写进书里才行。他将自己的第一批摄影作品刊印在《自然的铅笔》（ *The Pencil of Nature* ）一书中，这套书自1844年起共发行了六个分册。《自然的铅笔》不仅具有书的形态，书还是它的一个摄影主题：里面有一张照片拍的是一个堆满书的书架，还有一张拍的是一页铅字。书这一实物再一次让一项新技术变得广为人知。

※

　　除传播信息的技术外，运输货物和人员的技术也与书的故事息息相关。19世纪，铁路遍布欧美，进而遍及全球。火车上经常运载着书。相比经销商过去依赖的马车和驳船，铁路能更快地将书送到零售商手中。它们是图书市场的福音，而这种益处是双向的：书也是铁路运输的福音。维多利亚时代的人经常有这样的烦恼，在火车上该做些什么呢？不得不和碰巧坐在同一节车厢里的陌生人交谈吗？还是只能无所事事地消磨时间？女性乘客会受到男性不怀好意的关注吗？［1894 年出版的一本流行色情小说就名为《铁路上的强奸案》（*Raped on the Railway*）］。人们有种种的担忧。不过答案很快便浮出水面：坐火车的乘客可以在旅途中看书。

书摊开始出现在火车站里，为旅途中的人们提供各种读物。1848 年，W. H. 史密斯父子公司在尤斯顿站开设了他们的首个书摊，截至该世纪末，他们已在火车站开设了上千个书摊。1849 年，诗人兼散文家利·亨特（Leigh Hunt）出版了一本名为《铁路读物》（*Readings for Railways*）的杂文集。劳特利奇出版社发行了一套廉价的再版丛书"铁路图书馆"。法国出现了一种新的小说体裁"omans de gare"——车站小说。很快，车厢里就坐满了捧着书的人。书提供了一种在火车上打发时间的方式，而且给了乘客一颗定心丸，让他们觉得自己的时间得到了很好的利用。在这个过程中，书发挥了重要的作用，使得铁路旅行更能为社会所接受，缓解了它所引发的焦虑。书籍印刷的古老技术与铁路这一新兴的技术找到了共生之道。

书还帮助人们熟悉铁路的运作。自1839年起，乔治·布拉德肖（George Bradshaw）开始陆续出版他的《铁路指南》（*Railway Guide*），并在书中列出了整个英国的火车时刻表。1861年，他又增加了一本描述性的《手册》（*Handbook*），详细介绍英国国内的各个村镇和城市，帮助人们策划他们的火车之旅。布拉德肖的书迅速成了英国家庭的必备品。甚而还出现了一种室内游戏，人们飞快翻阅布拉德肖的《铁路指南》，比赛谁先绘制出两个地方之间的最快路线。夏洛克·福尔摩斯的书架上也有一本：在《铜山毛榉案》（*The Adventure of the Copper Beeches*）中，他让他的副手约翰·华生查阅这本书。在《恐怖谷》（*The Valley of Fear*）中，福尔摩斯和华生必须破译一个密码，而要解开这个密码，编码者与解码者必然拥有同一本书。他们很快意识到那一定是一本"人人都有的书"，华生立马提议说是"布拉德肖"。（福尔摩斯不同意，说布拉德肖书里的词汇量太有限了。）就这样，书和铁路就像马和马车一样密不可分。新兴的铁路运输技术因为与古老的印刷技术联系在了一起而变得更为人所熟知、为人所接受。

※

当电话开始出现在20世纪的私人住宅和公共场所中时，印刷书又一次帮助一项新技术登上了舞台。电话的兴起与电话簿的流通密不可分。每户有电话的人家（还有一些没有电话的人家）都有一本电话簿，上面列出了当地每个人的姓名、地址和电话号码。不久后，单独的企业通讯簿也应运而生。以前，你可以打电话给接线员，让他替你转接，但直拨电话出现后，就得先知道号码才能拨号。如果不知道能打给谁，拥有一部电话也没多大意义，所以电话簿对普及这项技术至关重要。

我们在数以百计的电影里都见过这样一幕。一名私家侦探身着老旧的风衣，坐在一家小餐馆里喝咖啡。刚刚离开的金发美女给他提供了一些有意思的信息。他若无其事地掐灭香烟，戴上帽子，起身朝角落里的公用电话亭走去。他拿起系在搁板上的人造革封皮的电话簿，仿佛置身于一间现代化的锁链图书馆①。他打开电话簿，飞快地翻阅起来，用手指在页面上寻找金发女郎刚刚透露给他的那个蠢货的名字。他找到了那人的名字，却没有打电话。相反，他从电话簿里撕下那一页，折起来放进衣袋里。他掌握了线索。是时候去会会某些人了。电话亭中的这一幕在电影里变得十分常见，因为电话簿在当时就是如此稀松平常的东西。

我记得在我小时候，我家每年都会收到一本电话簿。翻到写着我们家的那一条时，我总是隐约有种被曝光的感觉，以及在印刷书里看到自己名字时产生的那种难以言喻的自豪感。每每看到有不认识的同姓人家我总是很惊异，寻思着我们和他们会不会是什么远亲。你可以在书里找到各式各样的人——朋友、老师、比你高一个年级的那个女孩——并找到他们的电话、住址，仔细一想这似乎非常神奇。电话这项技术使我

---

① 指将书用锁链拴在书架上的图书馆，锁链的长度能让读者自由取阅藏书，又不致将书带离图书馆。这种做法在中世纪至18世纪非常常见，彼时书仍属于稀缺品。——译者注

们能与这些人隔空交流，而书这项技术能帮助我们想象与这些人隔空交流。新的技术为了普及开来，除了给人们提供实实在在的方便外，还需要激发人们的想象力，所以电话簿是电话成功的关键。

※

不过，如果说书与摄影、铁路和电话等技术建立起了共生关系的话，那么相比之下，书与其他一些技术的关系则更为矛盾。有时，二者之间的关系越是亲密，就越有可能变得剑拔弩张。想想看书和录音技术之间的关系。托马斯·爱迪生在1877年发明留声机后不久，人们就在考虑如何用它来录下书中的内容。同年，《纽约时报》认为这种新技术将与印刷书展开竞争。"我们有充分的理由认为，"该报表示，"如果留声机真像其发明者所说的那样，那么书籍的制作和阅读都将被淘汰。"[2]事实证明，这些宣告书籍和阅读消亡的报道言之过早，而且也并非最后一篇：毕竟1877年爱迪生的新设备还只录得下一首童谣或一首短诗。但《纽约时报》的反应告诉我们，担心新技术会取代书并不是什么新鲜事。

盲人是最早接受有声书的群体。大多数盲人——尤其是晚年失明的那些——不会阅读布拉耶盲文，所以他们要想享受书籍之趣，就只能依靠别人读给他们听。及至1934年，美国国会图书馆建立了全球第一座有声书图书馆。该图书馆用唱片对书进行全文录制，然后邮寄给盲人。次年，英国国立盲人协会（后更名为皇家盲人协会）紧随其后成立了有声书服务机构。人们对在"一战"中失明的军人（尽管他们只占盲人总数的一小部分）所负有的社会责任感，推动了这些举措的落实。有声图书馆在大西洋两岸均引发了论战，争论应该录制哪些书和应该由谁来决定录制的书目。有声图书馆是该将它们有限的资源投入到录制具有永久价值的名著上，还是主攻它们的听众身边那些视力正常的朋友们都在谈论的畅销书？

只要人们认为有声书主要是为无法阅读印刷书的人所提供的慈善服务，那就没什么可紧张的了。录音和印刷的受众并不重叠，所以这两项技术并不会争夺人们的注意力。但随着盒式磁带和之后的CD逐渐取代了虫胶唱片①和黑胶唱片，有声书开始转向新的形式和新的受众。1975年，居住在加州的杜瓦尔·赫克特（Duvall Hecht）和妻子西格丽德（Sigrid）在长达两小时的通勤途中无聊至极，找不到什么可以听着提提神的东西，于是他们创办了磁带书公司（Books on Tape）。有声书不再专属于盲人，转而也开始为"忙人"服务。磁带书公司将它们的客户定位为那些事业有成、生活富裕、受过良好教育、辛勤工作而没有时间阅读的人。很快，其他公司也想来分一杯羹，大型出版社开始制作自己的有声书。为盲人设计的有声书坚持将书中内容原原本本不予删节、不加修饰地复述出来，好让盲人读者的体验尽可能地贴近常人，而新兴的有声书尝试对内容进行删减、采用戏剧式朗读法、添加音效和音乐。

随着数字音频格式的出现，有声书又一次发生了蜕变。以前需要数十张唱片、磁带或CD才能录完的书，现在可以悉数存进一个数字文件里，只要有网络，谁都可以下载或在线播放。有声书开始逐步占

---

① 柏林纳发明的最早的"圆盘式唱片"，是以紫胶虫吸取树木汁液后吐出的分泌物加上其他复合材料做出的唱片。——编者注

领人们读不了纸质书，却可以凑合着听点什么的散碎时间，不仅是通勤的时候，还有打扫卫生、做饭或健身的时候。如今，用业内古怪的行话来说，大多数收听有声书的人都具有"平台中立性"。他们愉快地在阅读纸质书和收听有声书之间换来换去。有时候，他们甚至能左右开弓：有个朋友跟我说，她最初收听安娜·伯恩斯（Anna Burns）的《送奶工》（*Milkman*）时，觉得那个朗读的声音很难听懂，于是开始收听用贝尔法斯特①口音朗读的有声书，自己同时跟着纸质书看。

有声书一出现就带来了一个问题，听书算不算"阅读"——随着越来越多的人开始使用有声书，这个问题无法不了了之。几年前，我在批改学生试卷时，这个问题突然引起了我的注意。一个学生写到了奥斯卡·王尔德的小说《道林·格雷的画像》，想用书中人物女演员西比尔·文恩（Sibyl Vane）来说明他的观点。这个学生在试卷的空白处写了一句留言，解释说他不知道这个人物的名字该怎么拼（Vane？Vain？Vayne？），因为他只听过这本书的有声版，没读过纸

①　贝尔法斯特是北爱尔兰的首府，那里的口音非常有辨识度。——编者注

质书。我的第一反应是心生憎恶，这个学生竟然会写一本他没有"读过"的书，但也不得不佩服他可以毫无顾忌地承认这件事。可是后来我在想这真的重要吗？我认为，真正重要的不是学生怎么读的这本书，而是他对这本书有何看法。我重新看了一遍那个学生的答案，给了他高分。

一如马修·鲁贝利（Matthew Rubery）撰写的有声书的历史所展现的那样，有声书的倡导者总是想要鱼和熊掌兼得。[3] 一方面，他们经常将有声书说得完全等同于印刷书。他们声称有声书提供了与印刷书相同的体验、相同的文本，不同的只是将信息传递给了你的耳朵而非你的眼睛。另一方面，他们又说，有声书甚至比印刷书更胜一筹，能提供一些平装本无法比拟的东西。它们还原了文学作品中的人声，增添了纸张所不具有的亲密感。由作者亲自朗读他们自己的书，他们的语音语调能让人深入理解文本的含义，最起码也能让人感受一下作者是怎样解读这些文本的。专业的朗读者有时确实比我们自身更擅长朗读——他们更善于处理陌生或外来词汇，更懂得制造悬念，更能赋予人物独特的声线。由此，有声书的制造商宣称，有声书既和印刷书一模一样，又明显更胜一筹。

※

这种双重的豪言表明了书和新技术之间的关系有多么复杂。当新技术进入书本领域时，其倡导者往往会同时提出两种说法。一方面，他们声称新技术会"消失"（就像杰夫·贝索斯形容Kindle那样），只留下和书类似的阅读体验：你几乎注意不到它与印刷书有何区别；另一方面，他们又会引导人们关注新技术的不同之处：你会惊讶于它比书好得多。

然而现如今，在新技术恐将取代印刷书在我们的文化中长久以来占据的位置的同时，书却在我们最时新的创新上留下了自己的印记。当企业家发明了新的通信技术时，他们纷纷向书这一最悠久、最强大的通信技术致敬。2004年，马克·扎克伯格要为他那全新的社交网络取名，他看中了书。Facebook（脸书）这个名字让人想起20世纪80年代中叶一些大学分发的印有新生基本信息和照片的印刷册，这些印刷册就被称为facebook。1991年，史蒂夫·乔布斯将苹果公司出品的笔记本电脑系列命名为Powerbook（2006年更名为Macbook），他承认书这一物品对现代社会影响深远，想要借用其根深蒂固的权威性。2012年，英特尔公司为一款轻薄型的笔记本电脑注册了Ultrabook（超极本）这一商标，将他们的下一代产品置于整个发展谱系之中，这个谱系可以从他们想要超越的笔记本电脑追溯到源头的纸质笔记本。纸质笔记本的一大主要用途无疑是从印刷书上记笔记，我的学生现在仍在用笔记本电脑做着这件事。这些以书为名的新兴事物是一系列技术中的新生代，这些技术都与书的生活有所交集。透过谈论它们时所使用的词汇，最新的技术依旧在唤起我们最古老的一项技术。

因此，书不仅远没有受到新技术的威胁，反而还时常充当它们的助产士，帮助它顺利地来到这个世界上。但与此同时，新技术也让人们注意到了纸质书力所能及和力所不逮之处。纸质书本身就是种储存、传播和检索信息的技术。和所有技术一样，它们也有自己的优势和局限，有其独有的特征和缺点。将纸质书与其他技术放在一起考量，更容易看清它的特性。

用纸或羊皮纸制作的书，多数都具有耐久性。只要接受过辨识古代手写体的训练，并具有相关的语言知识，我们就可以毫不费力地阅读一千年前的书。相比之下，我们很难恢复几十年前用已淘汰的格式储存在过时硬件里的数字文件。印刷翻页书所提供的界面如此常见且直观，以至于我们几乎不会把它视作一个界面。这在一定程度上是因为我们以前所受的训练和对书的熟识，使得我们掌握与之相关的交互协议和数据处理时似乎都是水到渠成。正如我们之前提到的，翻页书也是一种强大的辅助记忆的工具，有助于我们记住读过的内容。

但这些优势也伴随着一些局限。譬如，印刷翻页书不利于检索。作者和出版商已经开发出了各种各样的功能，协助我们更便捷地找到想找的段落，例如目录、页眉处的章节标题和索引。但数字文本允许用户更快速地检索文本中的特定词汇或文本字符串。用户还可以在多部作品之间进行检索查询，更快捷、更简便地查找和对比文本。印刷书在书面文字的技术上表现非常好，但无法轻易接纳其他媒介。要在书中添加大量高清的彩色插图往往极其昂贵，而如若没有配套的网站或CD，印刷书就不可能含有音频、视频或交互式可视化数据。当我扫视自己的书架时，我会想起我的书力所能及之事，也会想起它们力所不逮之事。因此，在当前这个技术变革的时期，书再一次感受到了来自新技术的压力也不足为奇。

08

书 / 未来

书的变化会带来哪些改变？

杰夫·贝索斯急于让读者相信，即使他们放弃平装书换用 Kindle，也不会有什么重大变化。但事情并没那么简单。拿起电子阅读器，你会感受到书的物质形态及其所传达的文字内容之间的关系发生了翻天覆地的变化。每本纸质书仅承载一种文本——印在书页上的文本。它也许涵盖不同作者的多个作品，像是一本文选或是书志学家所说的汇编——将一些单独出版的作品装订在一起。不过一旦印刷出来，就不会再有任何更改了（不像写在牛皮纸上的手稿，可以划掉重写）。因此，纸质书的形式与内容之间是一对一的关系。然而，电子阅读器可以同时容纳上千本书，而它可以提供的书籍总量更可多达数百万本。就像所有现代的电子消费品一样，电子阅读器也存在"过时制造"的问题：其设计的初衷就是要在一段时间后自动报废，促使我们更新换代。若非如此，大多数人理论上可以只用一台电子阅读器读完一辈子的书。纸质书的形式与内容是一对一的关系，而电子阅读器则是一对多的关系。

　　这意味着书的物质形态不再能反映书的内容。纸质书形态各异，有又大又厚的艺术类书籍，也有可以随身携带的平装小说。相较而言，电子阅读器里的每本书看起来都一样。无论你读的是马塞尔·普鲁斯特还是丹·布朗，手里捧着的都是那个灰色的方形塑料板。但因为电子阅读器可以改变字体、调整页面大小，你读的《追忆似水年华》第一卷《在斯万家那边》或《达·芬奇密码》看似与我读的有所不同。电子书可以很轻易地从一个设备转到另一个设备上，因而我们能够用手机接着读我们在iPad上没读完的文本。在纸质书的世界里，形式与内容的"婚姻"并非总是十全十美的。但在电子阅读器的世界里，根本不存在婚嫁。你的电子阅读器虽维持着只有单一配偶的状态，却不断更换伴侣，一旦你觉得腻了，它就抛弃现在的文本换下一个。你的电子书到处寻欢作乐，不断和一台又一台设备交往。书的形式与内容不再束缚在一起。

我们可能认为这表示书已经从有形的东西变成了虚拟的东西。由纸张、纸板和胶水组成的物品已经被计算机代码写成的文件所取代。可尽管电子书本质上可能只是一堆0和1的代码，但阅读电子书的体验仍旧是"有形的"。电子阅读器由玻璃、塑料、电子电路和锂电池组成。这些电子产品通常在亚洲制造，制作过程中可能需要用到有毒的化学品，产生有害垃圾。我们虽然很难知晓特定设备的供应链信息，但有些电子消费品含有钶钽铁矿等矿物，这些矿物可能开采于冲突爆发的地区。电子设备所使用的塑料无法自行降解，如不妥善处理，可能流入大海或进入食物链。还有，构成电子书的数据储存在大规模的数据中心里，这些地方需要大量供电，其中一些电力源于焚烧化石燃料。电子书和电子阅读器远不是存在于云端的无形之物，它们也在地球上留下了自己的足迹。

※

现在越来越多的人不再使用专门的电子阅读器，而是在平板电脑、笔记本电脑和手机上阅读。毕竟，我们许多人都已经随身携带着两三台电子设备了，谁还需要额外再带一台呢？西蒙与舒斯特出版公司以前的发行人朱迪丝·克尔（Judith Curr）表示，"数字阅读的未来在手机上"。[1]尼尔森图书数据公司的调查显示，2014年到2017年，在智能手机上阅读的人数增长了一倍多，占到了电子书消费者的54%，其中

14%的人主要是通过手机阅读。在英、美两国，三分之二的成年人和90%的十六至二十四岁的人都拥有一部智能手机。中国和印度也正以惊人的速度迎头赶上，所以这一趋势还可能进一步地加快。因此就不难理解——既然可以通过电子途径获取书籍，那何不使用你一直随身携带的设备？但由此而来的影响实际上相当重大。有史以来第一次，有如此多的人在笔记本电脑、平板电脑和智能手机上阅读长篇文稿，而这些设备并非主要用于阅读的设备。作为载体的书和作为实物的书之间的关系发生了剧变。

在某些方面，这可能是一种形式上的解放。纸质书的作者与读者之间尚隔着各式各样的把关人——代理商、出版商、印刷商和书商，而网文的准入门槛则要低得多。网络向任何能够上网的人敞开大门（然而我们应该记住不是所有人都能上网）。结果就是许多原本不会变成铅字的作品，现在在网络上自由传播。举个大家都很熟悉的例子，同人小说现在就扎根在一些社群网站上。业余作者撰写的色情作品也在网络上蓬勃发展，而且种类繁多。回忆录作家、长篇小说家和短篇小说家成群结队地聚集在网络上。在这些网站上，互联网仿佛真的如它所允诺的那样，成了人们精神上的伍德斯托克①。

那些以前很难迈过传统出版业门槛的人，如今发现互联网大开怀抱、来者不拒。数字文本为边缘化的声音提供了表达的空间。而且有些时候，也会出现自出版和数字出版的书被大型出版社相中后推出纸质书的情况，这也成为从外围进入中心的新途径。新的出版模式为促进社会包容贡献了自己的力量，但也许我们还是应该为此保留一声欢呼。虽然它们让以前被边缘化的声音绕过了控制印刷渠道的关卡，但它们未必能让那些声音融入主流（或是让作品的创作者得到相应的报酬）。大部分此类作品的受众都少得可怜。事实上，不受任何限制的数字出版的激增，似乎已经动摇了所谓的"主流"和所谓的"有凝聚力的文化中心"的概念。在网上，只有支流，没有干流。

电子书的出现扰乱了作者、代理商、出版商、印刷商、宣传方、书商和读者之间的既定关系。在有些情况下，一个人可能身兼其中好几个角色。在另一些

①　指音乐史上的传奇摇滚盛宴伍德斯托克音乐节。——译者注

情况下，还可能彻底砍掉某些对纸质书来说必不可少的角色。数字媒体也严重破坏了传统出版业的工作流程。如果你要出版一本纸质书，在印刷机开始工作之前，得先投入大量精力确保书中内容准确无误。这么做非常必要，因为在书出版后再来纠错或改动，代价就太大了。相比之下，电子文本——无论是发布在网页上还是推出电子书——在出版后可以轻易做调整，而且几乎没什么代价。你可以先推出1.0版，看看首批读者的反应，然后再修改成2.0版。故而，电子文本永远处在未完成的状态，始终可以修改，从来不是板上钉钉。

※

我们购买和持有电子书的方式也与买卖纸质书的方式大相径庭。电子书的格式具有专属性：适用于Kindle（亚马逊出品的电子阅读器）的电子书无法在Nook（巴诺书店出品的电子阅读器）上面阅读。出版商的应对之策是为他们的内容开发出多种数字化"包装"，以适应不同的平台。在纸质书的世界里不存在与此类似的情况。虽然有些书只能在图书馆，甚至只能在图书馆的特定区域里阅读，不能轻易带到其他地方去，但电子书与其专有格式之间的绑定远不止于此——就好比从图书馆借出来的书在回家路上莫名其妙地变得无法阅读了一样。

即便你选了一家供应商——亚马逊、巴诺书店、苹果等——并一直用它的产品，你使用电子书的方式也受到"数字版权保护"的严重制约。专有格式的电子书的编码方式通常会限制你分享这些书，限制你读完后传阅这些书，限制你拷贝部分或全部内容。虽然电子书和电子阅读器消除了纸质书的一些不便之处，例如，它们更轻便、不占地方，还能第一时间收到新书，但它们也很难做到一些对纸质书来说稀松平常的事，比如出租、借阅、分享、赠送和转卖。

买一本纸质书，就是在购买一件物品。你想怎么用就怎么用，在你决定把它卖掉、送掉或直接扔进垃圾桶之前，它始终是你的。但买一本电子书，实际上购买的是访问该数字文件的许可证。尽管你的电子阅读器将书储存在了你的设备上，离线也可以查看，但销售方仍有办法从你的书库中删除这些书。2009年，亚马逊就曾将乔治·奥威尔的小说《一九八四》

和《动物农场》从部分读者的 Kindle 中删除。一家没有版权的公司借由自助服务功能将这些书添加到了 Kindle 商店里，版权所有者就这件事向亚马逊发出通告后，他们将这批书全部下了架，并为购买了盗版书的消费者退款。联想到《一九八四》描绘的是一个信息遭到严格审查的反乌托邦社会，这整件事都显得极具讽刺意味。亚马逊公开表示，今后不会删除在类似情况下购买的书，但这件事向许多电子书读者表明，他们能否继续阅读自己购买的书，取决于出售这些书的公司的相关政策和行为。相比之下，从没有哪个本地的书商会上门要求读者归还纸质书。

还有一些证据表明，拥有电子书和拥有纸质书的感受有所不同。我们提到过人们为了表明他们对纸质书的所有权，会在书页上写上名字、贴上藏书票或在空白处涂写。我们也提到过购买和阅读一本书可以是一段长久关系的开始，你可能会陈列它、分享它、重温它全部或部分的内容。这些做法都会让你铭记一本书，并对它产生感情。而我们占有电子书的方式则不尽相同。亚利桑那州的研究人员采用小组访谈的形式，采访了读者对电子书所有权的理解，他们发现受访者对他们的电子书只是有种"专有的感觉"：没有人说哪本电子书是他看重或心爱的东西。[2]这在一定程度上反映了一种普遍趋势，人们不再购买文化产品，而是订阅能让我们暂时获取这些产品的服务——许多以前有满架子CD或DVD的人，现在都改为订阅声田①（Spotify）或网飞（Netflix）了。但这个采访也显示出，我们对电子书的感受在很多方面比我们对纸质书的感受要淡薄一些——它们更无足轻重、不尽如人意、缺乏实感。

※

人们对待电子书和纸质书的不同反应，我认为有几个原因。在前几章中，我谈到了我们用书做的各式各样的事。其中很多事都是电子书力所不及的。你不能在书架上陈列你收藏的电子书；你不能从派对上偷偷溜开去浏览主人家的电子书（至少我不建议这么做——否则可能会很尴尬）。你可以花时间浏览虚拟的网上书店，但这与逛书店是两码事，书店的每个

① 一家在线流媒体音乐播放平台，后面的"网飞"也是。——译者注

角落都可能藏着意料之外的邂逅。有些在线图书馆的目录做了一个虚拟书架供人浏览，但在屏幕上扫视书籍列表与在图书馆里沿着书架浏览是两种截然不同的体验。你可以送人电子书，最起码你可以送人买电子书的钱，但你不能在这份礼物上写下饱含爱意的留言，让收到的人在几十年后翻开这本书时仍能看见。你可以把电子书当作奖品，但很难想象会有什么颁奖仪式或是写着获奖者及其获奖原因的虚拟藏书票。

电子书很难流传下去，新的硬件和软件不断淘汰着旧的文件格式。因此人们不太可能继承父母或亲戚的电子书。你可以在电子书里写批注，有时还能分享你的批注。但因为没有二手电子书市场，也无意开发这个市场（毋宁说没有更好），因此没人能买到一本留有陌生人阅读痕迹的电子书。将来，各国会像以前炫耀自己的国家图书馆一样，自豪地宣扬他们的数据中心是何等规模宏大、蔚为壮观吗？未来的达官贵人在画肖像时（也可能是拍照、做成全息投影或别的形式），会选择手持一台电子阅读器来标榜自己学识渊博吗？家长和孩子在临睡前会依偎在一起看他们的平板电脑吗？若书不再具有像今天这样的物质形态，它们还能在我们的生活中占据如此重要的地位吗？

　　我不想说得太伤感。我们对书投入的感情和用书所做的各种事都形成于特定的社会和文化环境中，换一种环境，就可能呈现出不同的发展。调查大学生阅读习惯的社会科学研究表明，在其他条件都相同的情况下，他们更喜欢阅读纸质书。他们之所以有时使用电子书，是因为电子书更易获取、更便宜，而且他们还认为电子书更环保。[3]不过这批学生主要是在纸质书的陪伴下成长起来的。他们中的大多数人都是通过纸质书学会阅读的，之后才接触到了数字格式。而未来情况可能有所不同，因为新一代在最开始接触书的时候，就是在电子书和纸质书的双重陪伴下成长的。没准正是这一代人会发展出——或迫使售卖电子书的公司发展出——用电子书送礼、分享、题词、折页、传给下一代和转卖的方法，因为这些做法才是我们使用和重视书籍的关键，叫我们难以割舍。又或者，我们可能最终发现这些都可以割舍，我们还有别的替代之法。此时此刻，下结论还为时过早。

　　但我认为电子书短时间内无法扼杀纸质书。许多探讨电子书能否取代纸质书的文章，往往会拿出最新的销售数据和市场份额调查。在这些新闻的背后还有一个更有趣的故事，那就是有些类型的电子书比其他类型的电子书发展得更快。言情小说和类型小说的读者更倾向于使用电子书。原因也很好理解：这类读者注重的是阅读数量，通常不会想重读以前读过的书。他们中的许多人可能一读完纸质书就把书捐给慈善商店了。这类读者乐于改读电子书。对他们来说，纸质书的物质形态在某种意义上一直是个累赘，他们很高兴能摆脱它。相反，文学小说的读者则没那么愿意做出改变。他们倾向于重温那些书——起码也觉得那些书值得重温。他们更喜欢把书陈列在书架上。他们寻找配得上那些杰作的精美包装：这一类书在推出平装本之前，往往会先在很长一段时间内坚持出精装本。这类读者更喜欢纸质书。在可预见的未来，我们可能会看到一种纸质书和电子书共存的混合经济。

※

当下媒介变革最重要的方面或许在于，我们的阅读设备越来越多功能化。能够看书只是我们对平板电脑、智能手机和笔记本电脑提出的诸多要求之一。翻开一本纸质书往往意味着要将工作要求和社交义务放到一边，暂时关闭电子邮件和手机，远离新闻和购物的干扰。但若在平板、手机和笔记本电脑上阅读，我们通常都能在设备上接触到上述所有信息，甚至还不止这些。你可能不停地在你的书、老板发来的邮件、朋友发来的信息、社交媒体发来的通知、新闻发来的推送和零售商发来的特别优惠之间来回切换。如果你打开了通知功能，你的设备就会不断提醒你，你还有其他需要关注的事，从而打断你的阅读。

不是只有在支持上网的设备上阅读，才会体会到分心之物的诱惑力。注意力涣散如今就是我们日常的精神状态。我们身处的媒体环境塑造了我们的注意力习惯。这并不是说我们注意力的持续时间在缩短。从某些方面来看，我们注意力的持续时间在变长：2000年流行的电影平均时长比1985年流行的电影长了十分钟以上。[4]但我们的注意力属性正在发生变化。网络非常擅长提供大量只需心不在焉地一扫而过的文本。我们用来查看网页的软件名为浏览器不是没有道理的。在信息大量过载的情况下，所有在线内容生产者都知道他们需要吸引我们的注意力。但只要短暂的吸引即可：只要我们点进网页，增加他们的使用统计数据就够了。在网络中，我们踏入了略读、跳过、速览和链接的领域。我们在"网飞"网站上浏览了数百个选项，却无法决定到底要看什么。我们刷了数千条推文，却没有真正看进去任何一条。而严肃读物一直以来所要求的那种持续而集中的注意力，似乎越来越难做到。

我们并非第一批体验到信息过载感觉的人，也并非第一批为应对信息过载而发展出相应阅读策略的人。只是以前的读者似乎更容易在不同的注意力模式之间进行转换。他们可能早上随便翻一翻报纸，晚上则沉浸在书中。他们也可能会区分消遣阅读和严肃阅读，前者可以三心二意，后者需要专心致志。但我想知道将来的读者还能不能如此轻易地根据阅读内容调整自己的注意力。我们的阅读习惯是由我们的阅读对象造就的。有些人醉心于纸质书，很大程度上是因为在他们身处的媒介环境中，纸质书风头正盛。纸质书所培养的那种注意力习惯，可能无法在现在这种媒介环境的变化中存活下来。

起码，它们可能不会为我们所有人平等地存在。

未来，脱离数字媒介可能是种奢侈。特权阶级才能够关闭邮件和社交媒体的通知，设置"暂不办公"的留言，进行数字戒断，而底层阶级将被零工经济绑定在智能手机上。久而久之，对越来越多的人来说，有时间脱离这种社会环境去读一本小说将变得越发难以想象。收费昂贵的私立学校将维持拥有纸质书的大型图书馆，贫困地区的学校则将依赖反应迟缓的网络连接。而在注意力涣散的环境中成长起来的这一代人，甚至都不知道他们失去了什么。我们有理由真诚地担忧：长文阅读、沉浸式阅读或批判性阅读所要求的那种持久的注意力，能否在这样的环境中存活下来。一方面，在这种环境下，持续的纸质阅读将成为一种特权，富裕的家长会花钱让孩子接受这方面的培训；另一方面，翻开一本纸质书可能渐渐会变成一种微小的反抗之举——无论多么短暂，都尝试去摆脱网络生活带来的持续的过度刺激。

※

也许这就是为什么如今纸质书虽看似岌岌可危，人们却开始以各种各样的方式效忠于纸质书。"我承诺阅读纸质读物"，这一口号出现在许多网站和热心读者的博客上。英国在全国范围内开展的一项赞扬书店的活动，出售和赠送出了上千个印有"书就是我的包"字样的手提袋。印有与书相关的名言警句的T恤、背包、徽章和文具盒，似乎也变得越来越有市场了，譬如印着"如果一本书写得很精彩，那我总是嫌它太短了"（这是简·奥斯汀笔下的人物所说的话，但经常被误以为是作者本人说的），还有"喝茶，我从不嫌杯子大；读书，我从不嫌篇幅长"（C. S. 刘易斯）。[5]"死亡"的临近常常催生出爱的宣言。

尽管出现了这些怀旧的风潮，但简单地认为纸质书和电子书天生就是宿敌是没有意义的。新闻界关于纸质书将会消亡的预言，不仅耸人听闻、言之过早，还曲解了媒介的变化模式。新媒介不会简单地取代旧媒介。正如印本不曾取代手抄本。事实上，印刷品出现后，手写品的产量可能还增加了。印刷带来了新的混合形式，例如印刷出来的表单，需要人亲手填写。直至19世纪，即便有机会付印，作者们还是会选择以手抄本的形式传播他们的部分或全部作品。还有一些作者会在出印刷本之前，先发行一段时间的手抄本。摄影的出现并未扼杀绘画，虽然它的确将绘画推向了一个新的方向，印象主义和之后的表现主义都在探索新的艺术途径。CD和之后的MP3并没有宣告黑胶唱片的终结，时至今日，黑胶唱片依旧在大量生产。所以，我们有充分的理由认为，电子书不会扼杀纸质书。

但纸质书的意义已经发生了改变。当购买纸质书不再是顺理成章的默认选项，而是某种选择时，它就有了新的含义。现如今，如果你选择购买黑胶唱片，而不是下载MP3，你就是在发出一种宣言。你可能是个发烧友，觉得数字格式再现出来的声音品质较差。你也可能是名DJ，要在唱盘上打碟。无论如何，你的购买行为都表明默认选项不适合你——由此我们可以看出，没有哪种媒介能适合所有人。或许纸质书将来也会是这样。纸质书不会消失，可它们开始具有新的含义，选择购买纸质书而非电子书的这一举动也正被赋予新的意义。

在数字格式的书已经唾手可得的情况下，仍选择印刷出来的书，就等于是在宣布你依然忠于纸质书这一物品。你加入了嗜书人之列，这些人小时候受到的培养和之后的经历让他们惯于阅读纸质书，即便他们愿意，这种习惯也不是说改就能改的。还有其他选项却依旧选择购买纸质书，就是看重它的物性，自觉自愿地购买书所具有的特定的物质形态，对这种形态的偏好胜于其他形态。与此相对应的是，一些出版商和书商报告称，之前在书籍制作中一直有所减少的一些高端设计如今有回春之势，例如绸缎书签带、毛边，或在平装书上采用所谓的"法式勒口"。去年圣诞节，我们这里的书店在橱窗里写着"书是最好的礼物""为圣诞节准备的精美图书"等。虽然有些读者乐于将他们的书迁移到数字环境中，可还有些读者却越发关注书之为物的一面。他们希望他们的书既实用又美观。

※

电子书力所不及的那些事表明，纸质书——作为一种物品——已经在很大程度上与我们的生活、人际关系和社会交织在了一起。因此，书的形态的改变也会造成我们的生活、人际关系和社会的改变。这也是电子书尚未占领更多图书市场的一个原因。如果纸质书只是阅读的器具、传播文本的方式，那么我们现在会很乐意抛弃它们，换用更快捷、更便宜、更高效的版本，就像我们弃用电报，改用电邮一样。但书远不止于此。除了阅读，我们用书做的其他所有事、我们赋予它们的各种意义，还有我们要求它们承担的那些富于想象力的工作，都使得纸质书很难被另一种形式所取代——无论新的形式多么逼真地复制了纸质书的阅读体验，也无论新的形式能在多大程度上超越纸质书。

认识到纸质书以多种多样的形式成了我们世界的一部分后，就会明白改造书需要冒多大的风险。书已经深深渗透到我们对宇宙的理解中。容我用两个简短的例子来为这一章结尾。《旧约·以赛亚书》的作者在写到上帝为世间降下审判时，想象造物主合上了一本书。先知想到的自然是他最熟悉的书的形态：卷轴。他把夜空想象成一张漆黑的羊皮纸或莎草纸，绘在上面的漫天星宿仿佛是上帝闪亮的笔迹。天空就是上帝的星象图，他之前把它展开来了，用完后可以重新把它卷起来。而我们好像活在上帝的书里。

14世纪早期，但丁在《神曲·天堂篇》那令人拍案叫绝的结尾中也运用了同一种意象，但有一个关键的区别。自以赛亚的时代以来，书的形态已然改变，于是但丁把宇宙想象成了一本翻页书，而非卷轴。描述这些东西，但丁必然要依赖诗歌充满想象力的资源、依赖明喻和暗喻。书就是他所采用的暗喻。各式各样的书不仅为我们对宇宙以及人类在宇宙中所处位置的深入思考提供了传播方式，有时还为我们提供了描绘这些思想并将它们表达出来的语言和意象。

在但丁的想象中，爱将所有书页装订成册（legato con amore in un volume），由此写出了我们在人世间看到的事物与他在天堂看到的事物之间的区别。我们所处的世界只混杂着"偶然及偶然的关系"（accidenti e lor costume），没有任何明显的秩序或意义，仿佛无数零散的书页随风飘摇。但丁自己的诗作也要由抄写员分工抄录，因此每个抄写员都只能看到部分诗作。唯有将他们抄录的纸张按正确的顺序装订起来，才能理解整首诗。书是这样，宇宙也是这样：上帝之爱将我们各自四散的经历聚集起来，排好顺序，装订成一个通透可解的整体。上帝既是装订者，也是黏合剂。他的爱让那些破碎的生命碎片凝聚成了美丽而有意义的造物。

但丁在《神曲》最后一卷的结笔处，让我们想起了自己手中的书。幸福的愿景也与书有关。我们最熟悉的阅读工具幻化成了宇宙的模样。书从以赛亚所处时代的卷轴转变成了但丁所处时代的翻页书，为我们理解宇宙起源提供了一种新途径。书的语言内容及其物质形态之间的新关系，并非只带来了新的阅读体验，还标志着一种更广泛的重组，可能改变我们的身份、人际关系、教育、文化机构和社会——乃至我们的宇宙观。改变书籍就意味着改变世界。

尾声

书/结语

几年前，我们搬进爱丁堡的公寓后不久，就找了个木匠制作新书柜。这是项重大的投资，不仅仅是因为花了不少钱，更是因为它带来了一种可能，我们的书终于要按照一定的顺序，陈列在方便取阅的架子上了。那些书一直储存在一间我从没进去过的储藏室里，已经有好几个月没人碰过了。我想象着只要将书移到新的架子上，就会迎来一个幸福快乐的新纪元。我不用再为记错的史实和记不清的故事而烦恼，我只需走到书柜前，在几乎不会被打断思考或谈话的情况下，抽出我想要的书，翻到正确的页码。一旦这些书被摆上书架，我肯定会变得更快乐、更高效——我们也就真的搬进了新家。

木匠使得我的这种美好幻想进一步生根发芽。他一边挥舞着卷尺，一边自豪地跟我说，他替一位知名小说家、一位富有的藏书家和一位德高望重的学者做过书柜。对于我所拥有的书，他问的问题都很内行——数量、尺寸等。他让我相信，定制书柜的钱花得很值。我需要这些书柜——甚至是理应拥有这样的书柜。然而工期从几周拖成了几个月（他的供应商掉链子了；他的徒弟请病假了；他接的订单太多一时忙不过来；书柜只差上漆，下周肯定能搞定），我不由心生疑虑。不过，当书柜终于送达时，我觉得它们看起来好极了。我把支票递给他，还和他握了握手。

在横跨大西洋前往爱丁堡定居的那几个月里，我的书重申了它们作为物品的存在。每一本都要收起来打包。它们不再排满我书房的墙壁，而是变成了一面纸箱做的墙，占据了大半的房间。打包这些书花了很长时间，倒不是书的数量太多，而是因为我在这期间无数次停下来重新翻看那些许久没看的书。我很难决定哪些书要打包带走，哪些书要卖掉或送掉。当我开始关注我的书装了多少个纸箱，有多重，在海运集装箱里要占据多少空间，运到大洋彼岸要多少钱，在我们有地方存放它们之前要花多少储存费时，我又一次感受到了它们所具有的不可忽视的物性。

新书柜送到后，我女儿——当时四岁——兴高采烈地帮我打开装书的箱子，把书全堆在地板上：小说放这边、史书放那边、诗歌放另一边。她在此过程中学会了"散文"这个词（一开始，她以为这个词和"乌鸦"有什么关系）。看不懂这些书似乎并未减少她摆弄和整理那些书的乐趣。不一会儿，那一摞摞的书堆就开始摇晃了，不得不再分成小堆。但要怎么分呢？按作者、主题，还是出版日期分？最终我们拟订了一个大概的计划。也只能拟个大概，因为有很多书似乎无法归到我们所划分的任何一个类别中，而且还存在很多似是应该慎重处理的例外。然后，当我们开始把书放到架子上时，又遇到了另一个问题（一个所有图书管理员都非常熟悉的问题）。比如说，我在摆放20世纪的诗歌作品时，中途发现有本书太高放不进去。我是应该把这本书和其他同类书分开摆放，还是为了放下这本大尺寸的书，不惜把所有20世纪的诗歌作品重新移到一个更宽阔的架子上？书再一次显现出了它的物性。

　　坦白说，在开箱整理我的藏书的快乐中也夹杂着一丝羞愧。我羞愧于世上有些人还只能勉强度日，而我这些年来在书上就花了这么多钱。这些书图书馆里都有，我却仍想拥有属于自己的那一本，似乎有点不明事理、自我放纵。我内疚于有些书我好多年都没好好看过，也可能永远不会再从头到尾地重读一遍，我本可以将它们转给别人，却仍坚持留着。我窘迫于我拥有那么多书，却几乎不怎么记得我在书里读到过的东西。尽管我沉醉于拥有了一间属于自己的小型藏书室，但我也意识到拥有自己的书，甚至是能够轻松地获取书，依旧是很多人无法享受到的特权。

当这些书一点一点地从地板上移到了新漆过的架子上时，我发现它们与我的自我意识联系得非常紧密。它们与我分离，另搭货船漂洋过海时，我心神不宁。现在我们彼此迎接，共迁新居。嵌在客厅墙面里的那些书架，表明我们计划在这间公寓里长住。下次搬家，我们也不太可能带走这些架子。沿着书架排列开来的这些书，展现出了我的身份的各个层面。你可以看到那些我最感兴趣的主题，那些一看就像是重读过很多遍的书，那些我想收集全套作品的作家，还有那些我只收藏了一部作品的作家。而就算你没有细看书脊上的书名，也没有从架子上取下一本书翻开来看看，你仍能看出我是那种重视读书的人。另一些人的墙上装饰着运动纪念品、他们与大人物的合照、他们所取得的资格证书、唱片架或古董瓷器，但我没有那些东西：我的墙上是满壁的书。

妻子和女儿的书也同我的书一起混放在架子上，随着我们身为读者和书主的生活交织在一起，还有许多书变得属于我们所有人。多年来，我们一家三口的书变得越来越混杂，有时我们自己都搞不清楚是谁率先购买和阅读了某一本书。与此同时，还有些书只属于我们中某一个人的书架则表明，我们热衷的东西也有不相重叠的部分。书架不仅是一个人思想的索引，也是几个人共同生活的记录。

有客登门，我会注意他们在哪个书架前流连忘返，对哪个书架只是粗略一瞥。有些人必然想知道我家有多少本书（我不清楚），是否每一本我都读过（差不多都读过）。有些人只关心他们想看的某一本书。还有些人则认为书柜无非就是家具，没什么可在意的。我们和许多朋友谈着谈着迟早会谈到书，我们互相比较最近在读的书，互相推荐书目和作者，通过各种方式利用书来增进彼此的交流和联系。

在翻看其中一些书时，我重新发现了多年前我在空白处留下的笔记和涂写，仿佛是来自前世的信息。它们显示出我是如何对待这些书，并把它们标记成我的东西的。我所做的标记的种类和多寡表明了我是如何阅读不同的书的。有些书上有很多标记，几乎每一页都有画了线的段落，页边批有评语，每一章的末尾都写有总结，环衬页上还留有笔记。另一些书则毫无标记——这种书通常只是看个开心，除了消遣几个小时之外别无他求，也不会想着今后再来重读。这些批注是给未来的自己的留言，是为我漏洞百出的记忆搭建的脚手架，是让我想起自己与这本书的关系的备忘录。重读这些批注，就像收到了过去那个时而认真、时而困惑、时而幼稚的自己的来信，讲述我从作者的思想中提炼出的自己的看法。

我花了很多时间调整书的摆放，其间屡次停下来重新翻翻这本、看看那本，但最终所有书都放上了书架，还有很多放在卧室和书房的书柜里。我的书终于全部摆放得井井有条了。凝视着密密匝匝的书脊，我意识到这也是在回顾我的人生。每一本书都代表着我花在阅读上的时间，而整壁书架则透露出我对某个主题或某位作者所怀有的热忱，这种热忱有些已然消退，还有一些则绵延至今。有些书是我二十年前买的，跟着我一次又一次地搬家，书脊都被阳光晒得褪了色；有些书是以前的朋友推荐给我的，这些朋友现在已经断了联系；有些书是别人在一些重要的日子送给我的；还有一些书则是我在某个难忘的假期或平淡的航班上读过的。我顺着书架望去，许许多多有关书店和阅读体验的记忆扑面而来。每一本书都是对过去的回忆。

但我也看到了未来。新书架上还有一些空位，准备容纳我接下来几个月要读的书。我那刚开始学着独立阅读的女儿，今后无疑会在书架上添置她自己的书。我思考了一下接下来要读些什么——我想填补哪些知识空白，我渴望开启什么样的新课题，书里还有怎样的乐趣在等着我。空着的书架是一个充满可能的空间，一个未知的国度。当我想到那些还空着的架子迟早有一天也会满员，我明白我的新书柜很快就会被填满，需要清理出一些书，让它们去寻找新的主人、新的藏书室。我也进而意识到——带着一丝恐惧——有朝一日我所有的藏书都将流落四方。多年来我一直在收集、存放、整理和阅读的这些书，在我死后，将离开这些架子，或削减一部分，或全部换成钱，再次在世间流转。如此一来，这些书将继续在物质世界中游历。

就算是私人藏书也并非是完全私有的。书有自己的社会生活。每本书都有许多相似的印本，总数可达数百乃至数百万之多。因此每一本书都与在其他人手中流通的其余印本相连，每一位书主或读者也都与其他印本的书主和读者相连。拥有一本书（特别是可以从图书馆借到的书），就是坚持与之建立私人关系。但拥有一本书也意味着加入了一个集体，成为出版这部作品的受众之一。手抄书有可能是为某个人制作的，但印刷书素来是为某个群体制作的，无论这个群体是大是小。作为文本，我的书带来了世界的讯息：对身处其他时空的人的经历洞幽察微。但作为物品，我的书也将我与世界联系了起来：在我和其他读者之间创造出有形的连接。在别人的书架上看到一本自己也有的书，有种特别的快乐。乍一看不免吃惊——那不是我的书吗？紧接着便升起一股温暖的联结感，找到了和自己看同一本书的另一位读者。

等我女儿长大后，我不知道她是否会觉得有必要在自家客厅安装嵌入式书架。即便她和我一样热爱书籍和阅读，也可能会采取一种截然不同的物理形式。在她还不会阅读时，她便成长于书页和屏幕的双重陪伴之下，她似乎不太可能像我一样执着于纸质书，纸质书也不太可能像成为我的身份核心一样，成为她的身份核心。也许她会亲切地浏览储存在服务器上的虚拟藏书室里的文件列表，或购买一台高端的电子阅读器。也许她会彻底抛弃书这一概念，不再拘泥于以本为单位的阅读，而是沉浸在海量的在线文本中。

但无论她采用怎样的阅读方式，她的书都会是一种物质存在，同时也是一种纯语言的存在，兼具物质的形态和非物质的内容。无论如何，书都是物品。虽然书所具有的物质形态会随时间而变化，但它们具有一定的物质形态这一点从未改变。就算书的部分物质形态隐藏在看不见的数据中心里也一样。就算我们用来获取文本的设备，除了阅读之外还有很多其他用途也一样。阅读一本书，就是在阅读一件承载着意义的实物。

待所有书都放入书架，过去几个月以来一直存放这些书的纸箱也被折叠起来，和回收物一起拿去扔掉后，我们这才觉得我们终于搬进了新家。我们在新城市里交到了朋友，开始邀请更多人来家里做客——包括一些书商、学者和图书管理员，他们的职业生涯都与书密不可分。一天晚上，有个做图书管理员的朋友走进客厅说："啊！这就是那些书。"仿佛这是他一进门就在搜寻的东西，是他一直盼着想谈论的话题，是一道谜题的答案。他扫视着书架，寻找能引起他兴趣的东西。他挑中了一本书，以图书管理员那种轻拿轻放的手法，伸手把书从架子上取了下来。他把书拿在手里掂了掂，感受它的重量，然后才翻开来。这本书在架子上留下了一个空隙，那是它原本所在的位置，与之相邻的书松弛开来占据了更多空间，空隙随之微微缩窄，好像那些书在呼吸。

致谢

我非常感谢弗朗西斯·奥戈尔曼（Francis O'Gorman）、阿尔维托·曼古埃尔（Alberto Manguel）、希瑟·摩尔（Heather Mole）、西蒙·史班顿－沃克（Simon Spanton-Walker），他们通览了我的原稿，提出了宝贵的意见。贝弗利·罗杰斯（Beverly Rogers）和威廉·扎克斯（William Zachs）慷慨地让我欣赏他们的藏书。艾莉森·麦肯（Alison MacKeen）很早就读了我的原稿，给予我重要的鼓励和实用的建议，丹妮尔·布科夫斯基（Danielle Bukowski）则协助我走完了出版流程。我还要感谢珍妮·康德尔（Jennie Condell）、皮帕·克兰（Pippa Crane）和吉尔·巴罗斯（Jill Burrows），他们将这本书变成了可以出版的形式。感谢我在奥塔哥大学、内华达拉斯维加斯大学、杨百翰大学和爱丁堡里昂与特恩布尔拍卖行举办讲座时的主办方及听众，我在那些地方发表了本书部分内容的雏形。还有在图书史研究中心攻读图书史与物质文化硕士学位的一届又一届学生，和他们的交流也令我获益匪浅。

注释

1. *The Letters of Charles Lamb*, edited by Thomas Noon Talfourd, 2 vols (London: Edward Moxon, 1837), vol. i, p. 115.

一、书／书

1. 法国理论家罗兰·巴特（Roland Barthes）把这类意义称之为"神话"。Roland Barthes, *Mythologies* [1957], translated by Annette Lavers (London: Vintage, 2000).

2. Arjun Appadurai (ed.), *The Social Life of Things: Commodities in Cultural Perspective* (Cambridge: Cambridge University Press, 1988).

3. Gilbert Ryle, *Collected Essays: 1929–1968* (London: Routledge, 2009), pp. xvii-xviii and 479–510.

4. 图书史有很多很好的入门读物。例如，Michelle Levy and Tom Mole, *The Broadview Introduction to Book History* (Peterborough, Ontario: Broadview, 2017); James Raven, *What is the History of the Book?* (Cambridge: Polity, 2018)（我在本章节讲述的印刷术于全球范围内的传播，就借鉴了这本书里的资料。）; Amaranth Borsuk, *The Book*

(Boston, Massachusetts: MIT Press, 2018); Keith Houston, *The Book: A Cover-to-Cover Exploration of the Most Powerful Object of Our Time* (New York: Norton, 2016); Michael F. Suarez, S. J. and H. R. Woudhuysen (eds.), *The Book: A Global History* (Oxford: Oxford University Press, 2013)。

二、书／物

1. Martin Heidegger, *Being and Time*, translated by J. Macquarrie and E. Robinson (Oxford: Blackwell, 1962), especially pp. 102−7.

2. Marcel Proust, *On Reading* ('Sur la Lecture', 1906), translated by Jean Auret and William Burford (New York: Macmillan, 1971), p. 5.

3. Thomas Hardy, *Far from the Madding Crowd*, edited by Suzanne B. Falck-Yi (Oxford: Oxford University Press, 2002), p. 95.

4. Anne Fadiman, *Ex Libris: Confessions of a Common Reader* (London: Allen Lane, 1998), pp. 31−6.

5. 利亚·普赖斯（Leah Price）在《维多利亚时期的英国如何对待书籍》（*How to Do Things with Books in Victorian Britain*, Princeton, New Jersey: Princeton University Press, 2012）一书中精妙地概述了书的不同用途。

6. Patrick Leigh Fermor to Artemis Cooper, 23 February 1982, in *Dashing for the Post: The Letters of Patrick Leigh Fermor*, edited by Adam Sisman (London: John Murray, 2016), pp. 351-2.

7. 这封信刊登在了焦阿基诺·兰扎·托马西（Gioacchino Lanza Tomasi）为朱塞佩·托马西·迪·兰佩杜萨（Giuseppe Tomasi di Lampedusa）的《豹》（*The Leopard*, London: Vintage, 2007）所写的序言中。

8. Nelson Goodman, *Languages of Art: An Approach to a Theory of Symbols* (Indianapolis, Indiana: Hackett, 1976), especially pp. 112-26.

9. Thomas De Quincey, 'Lake Reminiscences, No. IV: William Wordsworth and Robert Southey' in Julian North (ed.), *The Works of Thomas De Quincey*, vol. 11: *Articles from Tait's Magazine and Blackwood's Magazine, 1838-1841* (London: Pickering and Chatto, 2003), pp. 110-31 (pp. 117-18).

10. Ann Blair, *Too Much to Know: Managing Scholarly Information Before the Modern Age* (New Haven, Connecticut: Yale University Press, 2010), pp. 213-29.

11. Heather Jackson, *Marginalia: Readers Writing in Books* (New Haven, Connecticut: Yale University Press, 2002).

12. 参见史蒂芬·奥格尔（Stephen Orgel）的论述，*The*

Reader in the Book: A Study of Spaces and Traces (Oxford: Oxford University Press, 2015), p. 44.

13. Andrew Motion, *Philip Larkin: A Writer's Life* (London: Faber and Faber, 1993), pp. 485−6.

三、书 / 自我

1. 亨利·彼得洛斯基（Henry Petroski）的《书架的故事》（*The Book on the Bookshelf*, London: Vintage, 2000）是这方面的经典史话。

2. Richard Holmes, *Shelley: The Pursuit* (London: HarperCollins, 2nd edn, 1994), p. xii.

3. Milan Kundera, *The Unbearable Lightness of Being* (London: Faber and Faber, 1985), p. 48.

4. 同上，p. 47。

5. Johann Wolfgang von Goethe, *The Sorrows of Young Werther*, translated by David Constantine (Oxford: Oxford University Press, 2012), p. 7.

6. Robert Southey to Charles Watkin Williams Wynn, 22 June 1805, in Carol Bolton and Tim Fulford (eds), *The Collected Letters of Robert Southey*, A Romantic Circles Electronic Edition, www.rc.umd.edu/ editions/southey_letters, accessed 2 February 2018.

7. Jules Verne, *Twenty Thousand Leagues Under the Sea* (New

York: Scholastic, 2000), p. 77.

8. Leon Watson, 'All the Comforts of One's Home: Rare Glimpse of Queen's Life at Balmoral Explained', *Telegraph*, 21 September 2017.

9. Charlotte Mosley (ed.), *In Tearing Haste: Letters Between Deborah Devonshire and Patrick Leigh Fermor* (New York: New York Review Books, 2008), pp. 100–4.

10. Gary Urton, *Signs of the Inka Khipu: Binary Coding in the Andean Knotted-String Records* (Austin, Texas: University of Texas Press, 2003); Marcia and Robert Ascher, *Code of the Quipu: A Study in Media, Mathematics and Culture* (Ann Arbor, Michigan: University of Michigan Press, 1981); see also Roderick Cave and Sara Ayad, *A History of the Book in 100 Books* (London: The British Library, 2014), pp. 20–1.

11. Heather Jackson, *Marginalia: Readers Writing in Books* (New Haven, Connecticut: Yale University Press, 2002).

12. Jane Austen, *Northanger Abbey*, edited by Barbara M. Benedict and Deirdre Le Faye (Cambridge: Cambridge University Press, 2006), p. 259.

13. 有关阅读科学这方面的研究概述，参见 Simon Liversedge, Iain Gilchrist and Stefan Everling (eds.), *The Oxford Handbook of Eye Movements* (Oxford: Oxford

唯有书籍

University Press, 2011)。

14. Gemma Walsh, 'Screen and Paper Reading Research: A Literature Review', *Australian Academic and Research Libraries*, vol. 47, no. 3 (2016), pp. 160–73; doi.org/10.1080/00048623.2016.1227661.

四、书／关系

1. Lucy Peltz, *Facing the Text: Extra-illustration, Print Culture and Society in Britain 1769–1840* (San Marino, California: Huntington Library Press, 2017).

2. Mario Curreli, 'Remembering Borys Conrad (1898–1978)', *Conradiana*, vol. 12 no. 2 (1980), pp. 83–7 (p. 86).

3. Dante, *The Divine Comedy*, translated by C. H. Sisson, *Inferno*, Canto v, lines 127–42 (Oxford: Oxford University Press, 1993), pp. 68–9.

4. John Keats to Fanny Brawne, 4 July (?) 1820, in Robert Gittings (ed.), *Letters of John Keats* (Oxford: Oxford University Press, 1970), p. 383.

5. Edward Bulwer-Lytton, *Pelham: The Adventures of a Gentleman*, edited by Jerome J. McGann (Lincoln, Nebraska: University of Nebraska Press, 1972), p. 310.

6. Leslie A. Marchand, *Byron: A Biography*, 3 vols. (London: John Murray, 1957), vol. ii, p. 811.

7. Andrew Motion, *Philip Larkin: A Writer's Life* (London: Faber and Faber, 1993), p. 319.

8. 该书的编目号码为 BL Kings MS 9。

9. Philip Larkin, *Selected Letters of Philip Larkin: 1940–1985*, edited by Anthony Thwaite (London: Faber, 1992), pp. 46–7.

10. Walter Benjamin, 'Unpacking my Library', in *Illuminations*, translated by Harry Zohn (London: Fontana, 1992), p. 67.

11. *Benjamin Franklin's Autobiography*, edited by J. A. Leo Lemay and P. M. Zall (New York: Norton, 1986), p. 63.

12. *An Account of the Fair Intellectual-Club in Edinburgh: In a Letter to a [sic] Honourable Member of an Athenian Society There* (Edinburgh: James McEuen, 1720), p. 7. 德里亚·古尔赛斯·塔贝克（Derya Gurses Tarbuck）曾论述过这个俱乐部, 'Researching an Early Eighteenth-Century Women's Intellectual Club', *The Center and Clark Newsletter*, no. 48 (Fall 2008), pp. 4–6; Derya Gurses Tarbuck, 'Exercises in Women's Intellectual Sociability in the Eighteenth Century: The Fair Intellectual Club', *History of European Ideas*, vol. 41 no. 3 (2014), pp. 375–86; and Clifford Siskin, *System: The Shaping of Modern Knowledge* (Cambridge, Massachusetts: MIT Press, 2016), pp. 206–21。

13. Jenny Hartley, *The Reading Groups Book* (Oxford: Oxford University Press, 2002), p. 25.

幕间休息　凡·高:《静物: 打开的〈圣经〉》

1. Leo Jansen, Hans Luijten and Nienke Bakker (eds), *Vincent van Gogh-The Letters: The Complete Illustrated and Annotated Edition*, 6 vols. (London: Thames and Hudson, 2009), Letter 574.

五、书／人生

1. Eric Carle, *The Very Hungry Caterpillar* (New York: World Publishing Company, 1969)，此后再版的次数数不胜数。

2. 年纪较大的三个孩子是伊迪丝和她的丈夫休伯特·布兰德（Hubert Bland）所生，另外两个孩子是布兰德和伊迪丝的朋友爱丽丝·霍森（Alice Hoatson）所生。五个孩子和三个成人共同居住。

3. E. Nesbit, *Five Children and It* (London: Virago, 2017).

4. Lewis Hyde, *The Gift: How the Creative Spirit Transforms the World* [1979] (Edinburgh: Canongate, 2012), pp. 44-5.

5. Mark Twain, *The Adventures of Tom Sawyer* [1876], edited by Shelley Fisher Fishkin (Oxford: Oxford University Press, 1996, 2010), pp. 42-52.

6. Walter Benjamin, 'Unpacking my Library', in *Illuminations*,

translated by Harry Zohn (London: Fontana, 1992), p. 63.

7. 'Zadie Smith Talks with Ian McEwan', originally published in Vendela Vida (ed.), *The Believer Book of Writers Talking to Writers* (San Francisco: Believer Books, 2005), pp. 207–39; reprinted in Ryan Roberts (ed.), *Conversations with Ian McEwan* (Jackson, Mississippi: University of Mississippi Press, 2010), pp. 108–33 (p. 133).

8. John Milton, *Areopagitica*, in *The Complete Prose Works of John Milton, Volume ii: 1643–1648*, edited by Ernest Sirluck (New Haven, Connecticut: Yale University Press, 1959), pp. 480–570 (p. 492).

9. Claire Breay and Bernard Meehan (eds.), *The St Cuthbert Gospel: Studies on the Insular Manuscript of the Gospel of John* (London: British Library, 2015).

六、书／世界

1. Jorge Luis Borges, 'Poem of the Gifts' ('Poema de los Dones'), in *Selected Poems*, edited by Alexander Coleman (London: Penguin, 2000), pp. 95–8.

2. Jorge Luis Borges, 'The Library of Babel', in *Labyrinths*, edited by Donald A. Yates and James E. Irby (London: Penguin, 2000), pp. 81–2.

3. 同上，p. 85。

4. 阿尔维托·曼古埃尔年轻时曾为博尔赫斯朗读过书籍，他在《打包我的藏书：一首挽歌与十篇漫谈》(*Packing My Library: An Elegy and Ten Digressions,* New Haven, Connecticut: Yale University Press, 2018, p. 48) 中写到了这一点。另见 Alberto Manguel, *With Borges* (London: Telegram, 2006)。

5. Walter Benjamin, 'Unpacking my Library' in *Illuminations*, translated by Harry Zohn (London: Fontana, 1973, 1992), p. 61.

6. 同上，p. 62。

7. Manguel, *Packing My Library*, p. 76.

8. Doreen Sullivan, 'A Brief History of Homophobia in Dewey Decimal Classification', *Overland*, 23 July 2015; https://overland.org. au/2015/07/a-brief-history-of-homophobia-in-dewey-decimal-classification/, accessed 20 March 2018.

9. Zita Cristina Nunes, 'Cataloging Black Knowledge: How Dorothy Porter Assembled and Organised a Premier Africana Research Collection', *Perspectives on History: The Newsmagazine of the American Historical Association*, December 2018.

10. Lee Erickson, *The Economy of Literary Form: English Literature and the Industrialization of Publishing, 1800–*

1850 (Baltimore, Maryland: Johns Hopkins University Press, 1996), pp. 125–41.

11. Matthew Battles, *Library: An Unquiet History* (NewYork: Norton, 2003), pp. 184–90.

12. 一位匿名作者在《赠礼：十尊神秘书雕的故事》（ *Gifted: The Tale of 10 Mysterious Book Sculptures*, Edinburgh: Polygon, 2012）一书中讲述了这个故事。

幕间休息　贝尔坎普（疑作）：《伟大的画面》

1. 一些学者查证了安妮夫人坚持阅读的证据，参见 Stephen Orgel, 'Reading with the Countess of Pembroke and Montgomery' in *The Reader in the Book: A Study of Spaces and Traces* (Oxford: Oxford University Press, 2015), pp. 138–57 and Heidi Brayman Hackel, *Reading Material in Early Modern England: Print, Gender and Literacy* (Cambridge: Cambridge University Press, 2009)。

七、书／科技

1. 这是杰夫·贝索斯的原话，出自直播活动现场的实况博客。

2. 'The Phonograph', *New York Times*, 7 November 1877, p. 4.

3. Matthew Rubery, *The Untold Story of the Talking Book* (Cambridge, Massachusetts: Harvard University Press,

2016). 我在这一节中借鉴了鲁贝利的佳作。

八、书／未来

1. Quoted in Jennifer Maloney, 'The Rise of Phone Reading', *Wall Street Journal*, 14 August 2015.

2. Sabrina V. Helm, Victoria Ligon, Tony Stovall and Silvia Van Riper, 'Consumer Interpretations of Digital Ownership in the Book Market', *Electronic Markets*, vol. 28 (2018), pp. 177–89 (p. 183).

3. Naomi Baron, *Words Onscreen: The Fate of Reading in a Digital World* (Oxford: Oxford University Press, 2015), especially pp. 83–4.

4. 根据互联网电影数据库提供的数据，兰德尔·奥尔森（Randal Olson）分析了每年上映的二十五部最受欢迎的电影的时长，并由西德尼·福塞尔（Sidney Fussell）撰文发表，题为'Are Movies Getting Longer? Here's the Data'（*Business Insider UK*, 14 June 2016）。

5. Jane Austen, 'Catharine, or the Bower', in *Juvenilia*, edited by Peter Sabor (Cambridge: Cambridge University Press, 2006), p. 249. The quotation from C. S. Lewis is reported by Walter Hooper in the preface to C. S. Lewis, *Of Other Worlds: Essays and Stories* (San Diego, California: Harvest, 1975), p. v.

图书在版编目（CIP）数据

唯有书籍／（英）汤姆·摩尔著；李倩译. -- 上海：
上海文化出版社，2023.4
ISBN 978-7-5535-2698-0

Ⅰ．①唯… Ⅱ．①汤… ②李… Ⅲ．①图书史—世界
Ⅳ．① G256.1

中国国家版本馆 CIP 数据核字（2023）第 036431 号

THE SECRET LIFE OF BOOKS:
WHY THEY MEAN MORE THAN WORDS by TOM MOLE
Copyright: © Tom Mole 2019
This edition arranged with Elliott & Thompson Limited & Louisa Pritchard Associates
through BIG APPLE AGENCY, LABUAN, MALAYSIA.
Simplified Chinese edition copyright: © 2023 United Sky (Beijing) New Media Co., Ltd
All rights reserved.

著作权合同登记号 图字：09-2023-0008 号

出 版 人：姜逸青
选题策划：联合天际·文艺生活工作室
责任编辑：郑　梅
特约编辑：张雅洁　刘小旋
封面设计：汐和 at compus studio
美术编辑：梁全新

书　　名：唯有书籍
作　　者：〔英〕汤姆·摩尔
译　　者：李倩
出　　版：上海世纪出版集团　上海文化出版社
地　　址：上海市闵行区号景路 159 弄 A 座 3 楼　201101
发　　行：未读（天津）文化传媒有限公司
印　　刷：天津联城印刷有限公司
开　　本：787×1092　1/32
印　　张：7.75
版　　次：2023 年 4 月第一版　2023 年 4 月第一次印刷
书　　号：ISBN 978-7-5535-2698-0/G·447
定　　价：68.00 元

关注未读好书

客服咨询